청소년을 위한 시민인성교육 1

공 존

청소년을 위한 시민인성교육 1

공 존

Soyotou

청소년을 위한 시민인성교육을 펴내며

최근 한국사회에 부정적 감정의 광풍이 일고 있다. 약자를 향한 배제와 차별의 미움이 증오와 멸시, 심지어 혐오로 번지고 있다. 지역감정의 문제를 경험하지 못했던 청소년들에게서 지역감정이 새로운 증오 놀이로 재생되고 있다. 강남역 살인사건에서 보듯, 여성 차별과 혐오의 강도가 심각할 지경에 이르렀다. 그 외에도 인종, 학벌, 빈부, 국가 등을 이유로 약자를 향한 차별과 폭력의 강도는 점점 거세지고 있다. 학교 폭력 역시 예외는 아니다.

차별의 폭력을 겪지/하지 않으려면 어찌해야 할까? 내가 차별 하지/당하지 않기 위해 기를 쓰고 정상의 범주에 포함되거나 정상의 범주를 넓히면 될까? 그렇게 '정상'으로 분류된다 한들, '이상'으로 분류된 사람을 향한 폭력은 줄어들까? '이상'으로 분류된 대상을 향해 폭력을 일삼는 정상을 우리는 과연 '정상'이라 부를 수 있을까? 질문 하나만 더 하자, 정상과 이상의 경계를 긋는 사람은 과연 누구일까? 정상과 이상의 경계는 어떤 '근거'와 '기준'을 통해 그어졌을까? 그 근거와 기준은 과연 정당할까? 차라리 정상과 이상의 경계를 아예 의문시하는 건 어떨까?

다시 묻자, 차별의 폭력을 겪지 않으려면 어찌해야 할까? 폭력을 유발하는 상황과 원인 자체를 제거해야 하는 것 아닐까? 예컨대 근거 '없이' 그어진 경계를 통해 작동하는 '차별'의 폭력을 근거 '있는' '차이'로 포용하려는 노력을 펼치면 될까? '차별 대신 차이로', '차이의 인정', '차이의 관용'라는 말 등은 이러한 노력의 일부다. 한 발 더 나가보자. 관용이 가지는 문제, 즉 관용은 주인이 베푸는 시혜적 도덕일 수 있다는 문제점을 생각한다면, 최근 스스로 타인을 섬긴다는 의미에서 '환대'라는 표현이 관용 대신

쓰이고 있다.

이 책은 이러한 고민을 '공존'이라는 주제어로 담아내고자 했다. 나락한알은 최근 3년 동안 부산과 김해의 10개 남짓한 고등학교에서 공존을 주제로 강의하였고, 이 강의를 진행하기 위해 2016년 5.18기념재단의 국내시민사회단체 공동추진사업의 사업비 일부를 지원받기도 했다. 이 책은 그런 점에서 지역의 교과서이자 지역 간 협력의 결실이기도 하다. 그런 점에서 이 책은 차별과 천대의 대상이었던 '지역성'을 살려, '지역 교과서'의 특징을 띠고자 했다. 교과서가 통상 보편적인 것들을 내용으로 삼는다며, 정작 '중심'(서울지역)을 지향하는 '획일적' 내용으로 구성되는 경우에 반해, 이 교재는 지역적 특수성을 반영해 교재의 다양성을 살리려 했다. 젊은 세대가 지역에서 지역성을 모르고 자라고, 그 결과 지역에 대한 무지 때문에, 지역을 부정하고, 지역성을 이탈하는 일을 적어도 막고 싶었다.

이 책의 기본 목표는 이처럼 다양한 지역과 다양한 사람들이 차별 없이 공존하고 공감하는 사회를 만들고, 그런 사회의 시민으로 살기 위한 기본적인 인성을 가꾸려는 것이다. 이를 위해 인종과 차별의 문제(김인선)에서 인권의 문제(김동규)로, 이러한 문제가 '매체'와 어떻게 관련될 수 있는지의 문제(조원옥), 그리고 지역의 전통에서 볼 수 있는 '공감의 역사' 또는 '역사의 공감'은 어떤 것이 있는지(김동규)도 살펴보았다. 끝으로 이러한 공존을 위한 연습이 일상에서 어떻게 작동되어야 하는지를 '공감대화'를 중심으로 살펴보고 있다(안지영).

내용만큼이나 저자들의 '어투'도 다양하다. 이 책이 건네는 질문에 답하면서, 왜 그렇게 답했는지 서로 경청하고 공감하자. 상대의 언어로 상대를 이해해보자. 빤한 생각과 빤한 대답은 없으며, 내 앞에 있는 사람이 실로 다채롭다는 걸 알게 될 것이다. 차별을 통해 회색으로 칠해질 을씨년스러운 세계에 우리 영혼과 몸을 기입하지 말자. 차별과 멸시 그리고 증오에 미래를 걸지 말자. 당신도, 우리도 아프지 않았던가. 공감과 공존의 무지갯빛 미래에 희망을 걸 줄 아는 과감함을 갖자. 이 희망의 나락한알에 평화와 공존의 열매(우주)가 있다.

차례

블랙 라이크 미 Black Like Me : 차별을 넘어 존중으로

김인선

1. 선입견과 차별

우리들 대다수는 '나는 편견 같은 게 없어'라고 생각하지만, 사실 우리가 사람을 볼 때 인종, 국가, 나이, 성별, 종교, 성적 취향, 장애 등의 여부에 따라 무의식적인 고정관념이나 선입견을 갖습니다. 나와 다르고 익숙하지 않은 것에 대하여 존중하기보다 배척하는 경우가 있지요. 이런 것을 '편견'이라고 말하는데, 누군가에게 편견을 갖게 되면 우리는 그 사람을 '차별'하게 될 수 있습니다. 차별은 우리가 의도하는 경우도 있지만, 내가 갖고 있는 편견 탓에 미처 생각하지 못한 사이에 나타나기도 합니다.

편견과 차별의 의미

편견 : 나와 다르고 익숙하지 않은 것에 대하여 치우치게 생각하는 것

차별 : 편견을 갖게 되면서 사람들을 구별하여 행동하게 되는 것

함께 토론해봅시다.

내가 차별을 당했던 경험이 있다면 어떤 일입니까? 그 이유는 무엇인가요?

내가 차별을 당할 때 어떤 기분이 들었나요?

나는 어떤 고정관념이나 선입견을 갖고 있을까요? 왜 그런 생각을 갖게 되었나요?

편견이 차별을 만들어요

어린 시절에 쓰던 크레파스에 '살색'이 있었습니다. 지금은 '살구색'이라 불리는 이 색은 우리의 피부색과 비슷하다는 이유로 살색이라 불렸습니다. 오랫동안 단일민족으로 이루어진 사회에서 '살색'이라는 표현이 어색하지 않았을지 모르지만 흑인이나 백인의 살색은 분명 '살구색'이 아닙니다.

사람을 피부색과 같은 신체적 특징에 따라 구분하고, 그러한 차이가 인간의 능력을 결정한다는 믿음을 '인종주의(racism)'라고 합니다. 한국 사회가 과거보다 인종에 대한 관심이 높아졌다고는 하지만, 대부분의 사람들은 인종이 차별과 불평등의 중요한 기준이라는 사실을 실감하지 못하고 살고 있습니다. 하지만 역사가 말해주듯이 인종은 오랜 기간 차별과 불평등의 기준으로 이용되어 왔고, 이는 때로 참혹하고 끔찍한 결과를 낳기도 했습니다. 인종에 따른 차별과 불평등은 사람들 사이에 존재하는 사소한 차이를 엄청난 결함인 것처럼 과장하고 열등하다고 믿는 사람을 아예 인간으로 취급하지 않는 차별 행위까지 정당화하기 때문에 특히 문제가 됩니다.

살다보면 다른 사람에 대해 미워하는 마음을 품을 수 있습니다. 그런데 그 마음이 특정 집단이 다른 집단에 갖는 집단 대 집단의 미움이 된다면 얘기는 달라집니다. 게다가 집단 사이에 생겨난 적대가 생물학적으로 문화적으로 열등하다고 여겨지는 집단에 대한 우월감에서 비롯된 것이라면 문제는 더욱 심각합니다. 이런 종류의 우월감이 극한으로 발전될 경우, '열등한 종자'는 절멸해야 한다는 광적인 결론에 이르기 때문입니다.

실제로 인류는 나치의 유대인 학살, 일본 군국주의자들의 난징 대학살, 르완다에서 종족 분쟁에 따른 학살과 같이 수없는 학살을 목격했습니다. 21세기가 된 지금도 지구 곳곳에서 비극이 계속되고 있습니다. 하나같이 스스로 우월하다고 믿는 집단이 상대 집단을 열등하다고 여기고 인간으로 보지 않기 때문에 일어난 사건들입니다. 타인을 동등한 존재로 보지 않고 열등한 존재로 보는 것, 그리고 특정 집단이 그런 열등성을 가지고 태어난다고 모는 것이 바로 인종주의의 시각입니다.

서구는 인종주의로 인한 오랜 역사적 상흔을 경험한 탓에 단순히 외형적 인종을 이유로 적개심을 표출하는 것을 가장 야만적인 형태의 폭력으로 규정합니다. 인종차별이 빚은 대규모 전쟁, 대량학살, 혁명을 거치면서 서구는 인종에 의거한 차별이야말로 가장 금기시되는 명백한 범죄라는 확고한 믿음을 갖게 되었습니다. 하지만 한국 사회에서는 인종적 편견과 인종적 사고가 다양한 형태로 공공연히 정당화되는 실정입니다. 우리는 서구의 인종주의를 반면교사로 삼아서 유사한 잘못을 되풀이하지 않도록 해야겠습니다.

사례 1〉 푸른 눈 갈색 눈

미국의 한 초등학교 교실의 이야기다. 어느 날 교사는 '푸른 눈'을 가진 아이들이 '갈색 눈'을 가진 아이들 보다 유전적으로 우수하다고 알려주었다. 푸른 눈을 가진 아이들을 앞쪽으로 배치하고 특별대우를 해주었다. 갈색 눈을 가진 아이들이 단지 눈 색깔로 차별을 받는 것이 옳지 않다고 항의하자 교사는 저명한 연구진들이 여러 번의 실험을 거친 결과라고 일축했다. 그러자 갈색 눈을 가진 아이들은 열등한 사람으로 취급돼 열등감에 풀이 죽어 운동장 구석에서 울거나 분통을 터뜨릴 뿐 더는 저항하지 않았다. 푸른 눈을 가진 아이들은 갈색 눈 아이들을 차별했고 학과 공부에 더 열성을 보였으며 매사에 적극성을 보였다. 그러나 며칠 후 상황은 역전됐다. 교사는 자신이 착각했다며 갈색 눈이 우월한 유전자를 가진 것으로 판명됐다고 고쳐주었다. 이번엔 갈색 눈의 아이들이 교실 앞자리에 배치돼 학과 공부에서 점차 두각을 나타내며 당당한 리더십을 보였다. 푸른 눈이 열등한 유전형질이란 것이 밝혀졌으므로 차별당하는 것은 당연한 것으로 인식됐다. 이 과정에서 일어난 일들은 학생과 교사 모두를 놀라게 했다. 이 기간 동안 '열등하다'는 딱지가 붙은 아이들은 정말로 열등한 학생들의 태도와 행동을 보였고, 성적도 형편없었다. '우월한' 학생들은 성적이 뛰어났을 뿐 아니라 이전까지 친구였던 아이들을 차별하는 데 즐거움을 느꼈다.

이후 교사는 이 세상에 그런 연구는 없다고 시인했다. 미국 아이오와 주 라이스빌의 초등학교 3학년 교사였던 제인 엘리어트가 학생들에게 인종차별에 대해 교육하고자 독특한 수업을 진행한 것이었다. 덕분에 아이들은 인종 차별을 당하는 것이 어떤 느낌인지 뼛속까지 알게 됐다. 또 피부색이 달라도, 눈동자 색깔이 달라도 사실 인간이란 존재는 별반 다를 바 없다는 사실을 체험으로 알게 됐다.

사례 2〉Black Like Me

백인 남성 '존 하워드 그리핀'은 미국 흑인이 받는 차별과 고통이 얼마나 심각한지 몸소 체험해 보고자 아무도 생각해내지 못했고 실천에 옮기지도 못했던 일을 결심하게 된다. 피부과 전문의의 도움을 받아서 백반증 치료제를 먹고 강한 자외선을 온몸에 쪼이며 피부색을 검게 만든 뒤 머리까지 짧게 깎아 1959년 11월7일부터 12월15일까지 인종차별이 가장 심했던 미국 남부 지역을 홀로 여행했다.『블랙 라이크 미』는 흑인으로 변신한 존 하워드 그리핀이 남부를 여행하면서 겪은 이야기를 일기 형식으로 남긴 여행 기록이다.

존 하워드 그리핀의 외양이 달라진 뒤 그는 놀라운 경험을 했다. 그는 말한다. "피부색 외에는 아무 것도 바꾸지 않았다. 그러나 그것이 모든 것이었다." 갑자기 그를 대하는 사람들의 태도가 냉담해지고 미소가 불쾌한 찌푸림이나 경멸에 찬 욕설로 변해버렸다. 남부를 여행하는 동안 그는 마실 물과 화장실을 찾기 위해 하루 반나절을 걸어다녀야 했다. 어딜 가나 시민에게 제공되는 게 마땅한 이런 기본적인 편의시설들에 '백인전용(white only)' 표시가 되어 있어서 유색인은 사용할 수 없었기 때문이다. 흑인은 항상 백인의 눈치를 살펴야 했다. 외관상 백인이었을 때 백인 존 하워드 그리핀이 단 한 번도 경험해 본적 없던 상황이었다.

이제 이 책이 출간된 지 반세기가 지났지만, 존 하워드 그리핀이 고민했던 흑백문제는 지금도 여전히 민감하고 커다란 사회문제로 남아있다. 미국 백인으로 살아왔던 한 평범한 가장이 흑인이 되어 살았던 50년 전의 경험은 오늘날 우리 모두가 갖고 있는 무의식적인 차별과 편견의 실체를 분명히 드러낸다.

존 하워드 그리핀은 왜 이러한 무모한 여행을 감행했을까. 그는 한 흑인에게 "백인이 인종차별의 현실에 관해 어떤 것 하나라도 이해하려면 어느 날 아침 흑인 피부색을 하고 깨어나는 수밖에 없다"는 말을 들었다. 그는 인종차별의 실상을 몸소 체험하고자 했다. 당시 백인 인종주의자들은 "우리는 인종차별을 하지 않는다"고 강변했고 '평범한' 백인들은 정말로 자신이 그렇다고 생각했다. 실제 그리핀이 남부에서 만난 백인들은 흑인인 그에게 상냥한 태도를 보이는 경우도 많았다. 하지만 그것은 표면에 불과했다. 겉으론 상냥할지 모르지만 흑인은 원래 열등하고 지저분하고 성도착이 심한 집단이라는 편견을 버리지 못하고 있었다. 피부색만 바꿨을 뿐 이름, 옷차림, 말투, 경력을 그대로 유지했음에도 불구하고 백인들은 그를 완전히 딴사람 취급했다.

존 하워드 그리핀은 남부 여행을 끝낸 뒤 "내가 가진 개인의 자질을 보고 나를 판단하는 사람은 아무도 없으며 모든 사람이 내 피부색을 보고 판단했다"고 말했다. 그는 이 책을 통해서 흑인이 원래부터 열등한 인종이라는 백인의 생각은 자기 합리화를 위한 허구에 불과하며 현실에서 보이는 흑인의 나태와 타락은 차별적인 사회 구조 속에 그들이 던져진 탓임을 설득력 있게 보여준다.

모둠 활동

1. 7~8명씩 1개 모둠을 이룹니다.

2. 각 모둠은 인종, 국가, 나이, 성별, 종교, 장애, 성적 취향 중 차별적인 행동을 하게 되는 한 가지 상황을 선택합니다.

3. 모둠원은 주어진 10장의 카드에 모둠이 선택한 상황에서 사용하는 차별적인 말을 가능한 많이 생각해서 씁니다.

4. 모둠원이 쓴 카드를 모두 모은 후 비슷한 것끼리 분류합니다.

5. 비슷한 카드를 대표할 수 있는 이름을 붙여 봅니다.(예〉외모에 따른 차별)

6. 어떤 차별적인 말들을 많이 사용하는지 분석해 봅시다.

항목	외모				
1	못생겼다				
2					
3					
합계	( )장				

7. 차별적인 말을 들었던 경험과 그때의 느낌을 친구들과 나누어 봅시다.

2. 인종주의와 폭력

흑인노예제와 삼각무역

근대 유럽의 팽창과 침략의 결과 식민지에서 빚어진 폭력과 인종주의 참상은 오늘날까지 아메리카와 아프리카의 역사에 영향을 미치고 있다. 흑인이 본격적으로 아메리카 대륙에 유입된 것은 1517년 스페인의 바톨로메 라스 카사스 신부가 백인 정복자들이 가용한 고된 노동을 견디지 못하여 급격히 감소하고 있던 원주민 인디언을 동정하여 아프리카 흑인을 대신 수입하자고 제안하면서부터이다. 서인도제도의 사탕수수 경작의 확대와 더불어 노동력 부족으로 고심하던 스페인 식민자들은 이 제안을 즉각 실천으로 옮겼는데, 이로써 300여 년간 지속될 저 악명 높은 '중간 항로'를 통한 아프리카 흑인의 아메리카 대륙으로의 대이동이 시작되었던 것이다. 한 통계에 따르면 이렇게 노예무역을 통해 아프리카에서 아메리카 대륙으로 송출된 흑인의 수는 16세기에 36만, 17세기에 170만, 18세기에 610만, 19세기에 330만에 이른다. 이렇게 강제로 아메리카 대륙으로 끌려온 흑인들은 수백년 동안 미국사회에서 분리와 차별, 인종적 편견을 참담하게 겪으며 살게 된다.

콩고 대학살

굿이어는 명성 높은 타이어 브랜드인데 그 명칭은 유황으로 고무를 처리하여 고온에서도 녹지 않는 방법을 개발한 찰스 굿이어에 유래한다. 그는 사업에 실패하여 빚만 남긴 채 사망했지만, 그가 발명한 가황법은 고무의 용도를 무제한으로 확장시켜 많은 사람들에게 일확천금의 기회를 줬다. 미국의 한 기업이 그의 이름을 기려 회사를 설립하여 굿이어는 타이어의 대명사가 됐다.

그러나 고무 수요의 급증은 아프리카 주민들에겐 가혹한 시련이 되었다. 유럽 열강은 제멋대로 아프리카를 분할했다. 벨기에가 이 대열에 합류했을 때 유럽 강대국은 베를린에 모여 레오폴드 2세에게 콩고강 유역의 지배권을 승인했다. 레오폴드는 이곳에 콩고 자유국을 건설하여 다스렸으나, 실상 '자유'는 허울뿐 이곳은 개인 식민지가 되었고 국민은 노예와 다름없이 착취되었다. 처음에는 상아 남획을 위해, 나중에는 열대우림에서 나는 고무 채취를 위해 그들이 마모되었다. 성인 남성은 매주 3~4kg의 고무 수액을 채취해야 했다. 채우지 못하면 채찍질이 가해졌다. 더한 경우에는 여자와 아이들을 인질로 잡아가기도 했다.

콩고에 체류하던 영국인 선교사 존 해리스와 사진가인 아내 앨리스가 끔찍한 사실을 알게 되었다. 한밤중에 주민 하나가 하소연을 하기 위해 찾아왔는데 그의 손에는 잘린 어린아이의 손과 발이 들려 있었다. 할당량을 채우지 못했다고 레오폴드의 군대가 형벌을 가한 것이었다. 부부는 이 일을 세상에 알려야 한다고 결심했고, 앨리스가 카메라를 들었다. 이것이 벨기에가 콩고에서 저지른 만행이 세상에 알려지게 된 계기였다.

이후 콩고 전역을 돌아다니며 남편은 글로, 아내는 사진으로 제국주의의 만행을 기록했다. 그들은 영국으로 돌아가 설교와 사진으로 콩고의 참상을 증언했다. 마땅히 공분이 일어났고, 레오폴드는 왕좌에서 쫓겨나 콩고 지배권을 벨기에 정부에 넘겼다. 그럼에도 아프리카의 독립은 그 후에도 요원한 일이었다.

— (조한욱, "사진의 힘", 『한겨레신문』, 2014년 10월 29일)

FROM PHOTOGRAPHS, CONGO STATE

"The pictures get sneaked around everywhere." — *Page 40.*

호텐토트의 비너스, 사르키 바트만

　19세기 중반 유럽 열강들이 자국의 부를 증대시키기 위해서 제국주의 팽창을 본격화 하는 과정에서 유럽 국가들은 피식민지 백성의 열등함을 모국 시민들에게 확인시키고자 했다. 그래서 피식민지의 전형적인 모습을 드러낸다고 여기는 대상을 모국으로 압송해 마치 동물원의 동물처럼 구경하게 했다. 남아프리카의 흑인 여성 사르키 바트만은 이러한 '인간 동물원(Human Zoo)'의 대표적 피해자였다.

　'호텐토트의 비너스(야만인 비너스)'로 불린 사르키 바트만이 영국 런던의 피카딜리 쇼무대에 처음 등장한 것은 1810년이었다. 140㎝ 정도의 작은 키, 숯처럼 반들반들한 검은 피부에 툭 튀어나온 광대뼈, 먼 곳을 바라보는 불가사의한 표정과 보조개가 깊이 팬 하트형 얼굴은 사람들의 이목을 단박에 집중시켰다. 관객들은 거대한 봉우리처럼 솟아오른 그녀의 엉덩이에 더욱 흥분했다. 유럽인에게 기이하게 보이는 이 체형은 남아프리카 코이코이 부족의 기준에서 보면 지극히 정상적인 외모였다. 그러나 남아프리카 주둔 영국군 의사였던 알렉산더 던롭의 눈에 비친 그녀는 이국적이고 비정상적인 '괴물'이었다. 그는 그녀를 영국에서 전시한다면 사람들의 호기심을 자극해 큰 돈을 벌 수 있다고 생각했다. 그리고 진짜 목적을 숨긴 채 사르키 바트만을 꾀어서 영국으로 데려갔다.

　피카딜리 무대에 선 그녀는 아프리카 현악기 람키를 연주하며 목청껏 노래를 불러야 했다. 짐승 같은 눈빛을 번뜩이는 남자들 앞에서 성큼성큼 뛰어다니다가 몸을 부르르 떠는 원주민 춤을 춰야 했다. 쇼는 일주일에 엿새, 하루에 4시간씩 펼쳐졌다. 입장료는 2실링이었다. 백인 공연기획자들은 그녀를 팔아 돈을 챙겼고, 영국 언론들은 "특이한 몸매의 비너스"를 경쟁적으로 대서특필하면서 사람들의 호기심을 부채질했다. 유럽인들은 그녀의 몸매를 "불량한 진화의 증표"로 여겼다. 그들은 그렇게 "동물이 멈추고 인간이 시작되는 지점의 증표"를 뜨거운 호기심으로 훔쳐봤다.

　그러나 세월이 흐르면서 쇼의 인기는 식었다. 흥행업자는 1814년 그녀를 배에 태워 프랑스 파리로 건너갔다. 호텐토트의 비너스는 여흥과 오락의 본거지였던 팔레루아얄 무대에 섰다. "낮 12시부터 저녁 6시까지 쇼를 하고, 날이 저물면 레스토랑이나 선술

집, 북적대는 카페에서 흥을 돋우는 일"을 계속했다. 그녀는 결국 비인간적인 수모와 열악한 처우 속에서 절망에 빠져 코냑에 중독됐고 병을 얻어 사망했다. 1815년 겨울, 꽃다운 나이 26세였다.

죽어서도 사르키 바트만은 편히 잠들 수 없었다. 문명의 가면을 쓴 야만은 과학의 이름으로 사르키 바트만에게 만행을 자행했다. 프랑스의 유명한 고생물학자 조르주 퀴비에는 톱으로 두개골을 잘라 뇌를 적출했다. 음순과 클리토리스, 질을 잘라내 유리병에 담았다. 나머지 몸뚱이에는 밀납을 발라 미라로 만들었다. 사르키는 박제가 된 채 프랑스 자연사박물관에 전시됐다.

사르키의 육신이 고향으로 돌아간 것은 그로부터 192년이 흐른 뒤였다. 넬슨 만델라 대통령은 프랑스 정부에 사르키의 반환을 강력하게 요청하면서 "용서할 수 있지만 잊지는 않겠다"고 힘주어 말했다. 1994년부터 진행된 장기간의 협상 끝에 사르키의 유해는 2002년 8월에야 고향에 안장될 수 있었다.

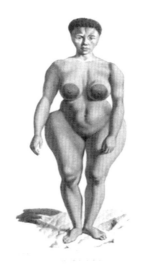
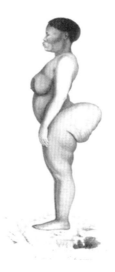

짐 크로우 분리주의 정책과 린치

Strange Fruit

Southern trees bear strange fruit

남부의 나무에는 이상한 열매가 열린다.

Blood on the leaves and blood at the root

잎사귀와 뿌리에는 피가 흥건하고

Black bodies swinging in the southern breeze

남부의 산들바람에 검은 몸뚱이들이 매달린 채 흔들린다.

Strange fruit hanging from the poplar trees

포플러 나무에 매달려 있는 이상한 열매들

Pastoral scene of the gallant south

멋진 남부의 전원 풍경

The bulging eyes and the twisted mouth

튀어나온 눈과 찌그러진 입술

Scent of magnolias, sweet and fresh

달콤하고 상쾌한 매그놀리아향(香)

Then the sudden smell of burning flesh

그리고 갑자기 풍겨오는, 살덩이 태우는 냄새!

Here is fruit for the crows to pluck

여기 까마귀들이 뜯어먹고

For the rain to gather, for the wind to suck

비를 모으며 바람을 빨아들이는

For the sun to rot, for the trees to drop

그리고 햇살에 썩어가고 나무에서 떨어질

Here is a strange and bitter crop

이상하고 슬픈 열매가 있다.

3. 한국의 인종차별

사례 1〉 피부색 다르면 출입금지... 목욕탕도 못 가는 사회

우즈베키스탄 출신 귀화자인 구아무개(30·여)씨는 자신이 사는 부산 동구 초량동 대중목욕탕에 갔다가 "외국인 손님은 받지 않는 것이 영업방침"이라는 말과 함께 쫓겨 났다. 귀화한 한국인이라고 주민등록증까지 보여주며 항변했지만, "아무리 한국인이 라도 피부색이 다르면 손님들이 싫어한다"며 버티는 목욕탕 업주에게는 소용이 없었 다. 신고를 받고 경찰까지 출동했지만, 결국 그는 목욕탕에 들어가지 못했다. 현행법 에 개인사업자가 영업을 이유로 특정 국가 출신이나 특정 인종의 고객을 거절하더라 도 처벌할 근거가 없기 때문이다.

구씨는 "10년 가까이 한국에 살면서 식당에서 쫓겨나는 등 다양한 인종차별을 당하 면서도 지금껏 참으며 지냈지만, 내년에 학교에 들어갈 아이까지 인종차별을 당하는 것은 참을 수 없어 고민 끝에 나서게 됐다"고 말했다. 구씨는 피부색 등 외모는 평범한 한국인과 다르지만, 2002년 한국에 와 2004년 한국인 남성과 결혼한 뒤 2009년 귀화 하면서 이름도 한국식으로 바꾼 한국인이다. 한국 정부가 발행한 여권과 주민등록증, 운전면허증도 있고, 내년에는 학부모가 된다.

그러나 목욕탕 업주 정아무개(36)씨는 "나는 개인적으로 외국인을 전혀 차별하지 않지만, 이 동네에 유흥업소에서 일하는 외국인 여성들이 많아서 나이 많은 여성 손님 들이 싫어하고 화를 내기도 한다"며 "사회적 인식이 이런 상태에서 영업을 하는 나에 게 왜 외국인 손님을 차별하느냐고 따지면 곤란하지 않으냐"고 말했다.

함께 토론해봅시다.

피부색이 다르다는 이유로 내가 목욕탕에서 쫓겨난다면 어떤 심정일까요?
목욕탕 업주의 행위를 처벌할 수 있을까요?

사례 2〉 이주민에게 "너희 나라로 가" "냄새나" 모욕

성공회대학교 민주주의연구소에서 일하고 있는 보노짓 후세인 교수(28)가 경기도 부천에서 서울의 구로역 근처로 이사를하던 날이었다. 이삿짐을 옮겨주러 찾아온 한국인 친구와 함께 버스를 탔다. 친구와 그날 학교에서 있었던 '아레나(ARENA: 새로운 대안을 위한 아시아 네트워크)'의 회의 결과에 대해 이야기를 나누던 중 뒤쪽에서 누군가가 소리치는 소리가 들렸다. "시끄러워! 더러운 XX야". 뒤를 돌아본 그에게 한 남자가 손가락질을 하고 있었다.

검은 양복을 갖춰 입은, 회사원으로 보이는 30대 초반의 남성이었다. "이 개XX야, 냄새 나. 너, 어디서 왔어?" 한국말을 잘 하지 못하는 그이지만 양복을 입은 그 사내가 자신에게 욕설을 퍼붓고 있다는 걸 알 수 있었다. 놀란 표정의 후세인 교수를 보고 그 사내가 영어로 "Where are You from?"이라고 묻더니 연신 "You Arab! Arab!"을 반복했다. 함께 있던 친구가 사내에게 항의하자 이번에는 욕설이 친구에게로 향했다. "조선X, 아랍 놈이랑 같이 있으니까 좋냐?" 참다못한 친구가 자리에서 일어나 사내의 양복 깃을 잡고 버스 기사에게 경찰서에 데려다달라고 요청했다. 실랑이가 벌어지던 10여 분 동안 버스 안에 있던 사람 중 누구도 그 상황을 말리려 하지 않았다. 앞쪽에서 상황을 지켜보던 40대 여성 승객 한 명만이 사내를 말리고 증인이 되어주겠다며 경찰서에 따라나섰다.

후세인 교수가 처음 한국에서 공부를 시작했을 때만 해도 한국은 따뜻하고 친절한 나라였다. 학교에서 만나는 친구들은 모두 그와 친해지는 데 거리낌이 없었고 오가며 만나는 동네 아이들도 먼저 인사를 건넸다. 그가 학교라는 울타리 안에서 보호받고 있었음을 알게 된 건 1년 후 대학원 프로그램을 마치고 리서치를 위해 활동 반경을 넓히면서부터다.

"학교 앞 온수역에서 지하철을 탔는데 제가 자리에 앉자마자 옆에 앉아 있던 분이 일어나시더군요. 다음 정거장에서 내리나 보다 했는데 그분은 종로까지 서서 가셨어요. 만원 지하철 안에서도 제 옆자리는 항상 비어 있어요. 왜 그런가 궁금해서 한번은 한국 친구에게 그 이유를 물어봤어요. 그 친구가 말하기를 '동남아인에게선 특이한 냄새가 난다'는 거예요. 냄새는 생리적인 것인 동시에 사회적인 문제예요. 누구나 운동을 하거나 일을 하고 땀을 흘리면 냄새가 날 수 있어요. 외국인들은 모두 냄새가 난다는 건 그야말로 편견이죠."

직접적인 인종차별적 시선과 모욕을 느끼는 경우는 수도 없이 많다. 길을 가다 보면 "개XX야, 저리 가"라는 욕설이 들려온다. 이런 인종차별을 당하는 경우는 딱 두 가지다. 혼자일 때, 그리고 한국 사람과 있되 그 사람이 여자일 때다. 여전히 많은 한국 사람이 인종차별뿐 아니라 성차별에 얽매여 있다는 방증이다.

"이번 사건이 보도되면서 많은 한국 분에게서 응원과 격려의 메일을 받았어요. 힘내라고 위로해주시는 분들도 많았고, 미안하다며 대신 사과해주시는 분들도 계셨어요. 한국 사람들의 그런 따뜻한 마음을 알기에 현실이 더욱 안타깝습니다. 인터넷에 뜬 제 기사에 달린 악성 댓글을 보고 어떤 분이 '온라인에서 악성 댓글을 쓰는 사람은 대부분 초등학생이니 신경 쓰지 마세요'라고 메일을 보내셨어요. 그 아이들이 크면 어른이 될 텐데, 그렇다면 더 큰일이죠."

인종주의는 태생적인 것이 아니다. 학습하고 사회화되며 습득되는 것이다. 무조건 '한국이 최고다'라고 가르치는 건 이러한 인종주의의 씨앗을 만드는 것이라고 본다.

함께 토론해봅시다.

미국이나 유럽처럼 인종 및 사회적 소수자에 대한 혐오를 드러내는 행위를 처벌하는 '차별금지법'이 마련된다면 우리나라에서 차별 행위가 급격히 줄어들 수 있겠지요. 인종·피부색에 대한 모욕·비하 등의 괴롭힘을 적극적으로 방지하려면 어떤 조항들이 필요할까요? 여러분이 입법가가 되어서 인종에 따른 비인간적 행위를 국가가 불법으로 규정하고 처벌할 수 있도록 차별금지법을 만들어봅시다.

한국사회의 외국인 혐오

최근 경남 김해시의 한 거리에는 심각한 수위의 외국인 혐오증을 보여주는 펼침막이 공공연히 나붙었다. "범죄형 외국인 노동자들에게 알린다. 법이 솜방망이라면 쇠방망이를 보여줄게. 방글라데시, 문맹률 1위 세계 최빈국이라서 따로 번역은 안 한다. 한글 아는 놈이 읽고 전파해라." 인종차별·인종혐오 범죄가 더는 남의 나라 일이 아니다.

법무부 통계를 보면, 한국에 체류중인 외국인은 2003년 68만명에서 2007년 100만명을 넘어선 뒤, 2013년 142만명을 기록하고 있다. 2012년 말까지 귀화한 외국인도 12만3500명을 넘어섰다. 늘어나는 이주 외국인들은 각종 욕설과 차별적 발언에 노출돼 있다. 외국인이주노동운동협의회가 2011년 전국 이주노동자 931명을 대상으로 한 '직장 내 차별 경험 실태조사'(복수응답) 결과, 응답자의 78.2%는 '욕설을 경험했다'고 답했다. '문화적 차별 발언을 경험했다'는 응답자도 43.9%나 됐다.

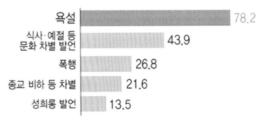

이주노동자들의 직장 내 차별 경험 (단위: %)

※ 2011년 전국 이주노동자 931명 대상 실태조사(복수응답)
자료: 외국인이주노동운동협의회

욕설	78.2
식사·예절 등 문화 차별 발언	43.9
폭행	26.8
종교 비하 등 차별	21.6
성희롱 발언	13.5

변화하는 현실을 반영한 법·제도 정비는 더디다. 현재 인종차별적 발언을 처벌할수 있는 명시적인 법 조항은 아예 없다. 모욕죄나 명예훼손죄로만 고소할 수 있는데, 처벌 기준과 범위가 엄격해 실효성이 없다. 실제 인종차별적 모욕 행위에 대해 사법적 판단이 내려진 것은 2009년 인도 사람인 보노짓 후세인 성공회대 연구교수의 경우밖에 없다. 보노짓 후세인 교수에게 "더러워, 이 냄새나는 ××야"라고 말한 30대 회사

원은 벌금 100만원의 약식명령을 받았다. 미국과 유럽연합(EU) 등에선 인종 및 사회적 소수자에 대한 혐오를 드러내는 행위를 처벌하는 '혐오죄'가 도입돼 있다.

'포괄적 차별금지법'은 이주 외국인들에게 '일상의 불안'을 걷어내 줄 첫걸음이 될 수 있다. 오창익 인권연대 사무국장은 "차별금지법이 통과되면 인종에 따른 비인간적 행위를 국가가 불법으로 규정하고 처벌할 수 있기 때문에 차별행위가 급격히 줄어들 것"이라고 전망했다.

경남 이주노동자 80% 산재보험 보장 못 받아

476명 노동·생활실태 조사, 작업 중 사고 최다…근로시간 길지만 임금 적고 직장 내 폭행도 당해

'경남이주민노동복지센터'가 "세계 이주민의 날"(18일)을 맞아 '2015년 경남 이주노동자 노동·생활실태' 조사 결과를 발표한 결과에 따르면, 도내 이주민 4명 중 1명이 산업재해를 당했으며 이 중 산업재해보험 보장을 받은 사람은 21%에 불과한 것으로 나타났다. 실태조사는 지난 8월 1일~11월 15일까지 476명을 대상으로 진행됐다. 응답자는 남성 379명(79.6%), 여성 79명(16.6%)이었으며 무응답은 18명(3.8%)이었다(중략).

이주노동자 임금 노동·생활실태

하루 평균 노동시간 **10.53**시간 〈법정 근로시간 8시간〉

월 평균 임금 **180**만 **4520**원 〈223만 원/2014년 통계청〉

이주노동자의 하루 평균 근로시간은 10.53시간으로 국내 법적 근로시간(8시간)보다 많았다. 월평균 임금은 180만 4,520원으로 국내 임금근로자 월평균 임금(223만 원, 2014년 통계청)보다 적었다. 이주노동자는 빠른 작업속도와 낮은 임금수준(5점 척도 중 각 3.01)으로 직장 생활의 어려움을 겪고 있었다. 그다음은 열악한 작업환경 (2.84), 장시간 노동(2.77), 외국인에 대한 차별(2.75), 직업병(2.67) 순이었다.

또 전체의 10.9%(52명)가 직장에서 폭행을 당한 경험이 있다고 답했다. 가해자는 한국인 노동자 31.4%(16명), 직장 관리자 35.3%(18명), 사장 27.5%(14명), 직장 내 외국인근로자 3.9%(2명) 순으로 응답했다.

이주노동자의 산업재해는 심각한 수준이었다. 피조사자의 26.5%(126명)가 산재 피해 경험이 있다고 답했다. 1인당 평균 1.89번의 산재 경험이 있다고 했다. 산업재해는 작업시간 중 사고(39.5%)가 가장 많았고 질병 유형은 근골격계(29.9%)가 가장 높은 비율을 차지했다(중략).

한편 체류기간 만료 후 계획에 대해서는 이주노동자의 54.8%(261명)가 귀국 계획을 밝혔다. 입국 전과 비교했을 때 한국에 대한 인상 변화를 묻는 말엔 약간 좋아졌다(29.2%), 매우 좋아졌다(20.5%)로 긍정적으로 평가했다. 한국 음악과 제품 선호도 역시 긍정적 답변이 73.4%로 많았다.

— (김민지, 『경남도민일보』, 2015년 12월 17일)

4. 차이를 넘어 존중으로

혹시 다른 나라의 인종차별 이야기를 왜 알아야 하느냐고 혹시 의문을 가지는 분이 있을 수도 있습니다. 곰곰이 생각해 보면 사실 인종차별 문제는 먼 나라에서 벌어지는 흑인들만의 문제가 아닙니다. 1990년대 이후 한국으로 외국인의 이주가 증가한 이래 2000년대 들어 국제결혼이 급증하면서 한국 사회는 명실공이 다문화 사회로 접어들었습니다. 한국 정부는 2006년 '다문화, 다민족 사회로의 이행'을 선언했고, 2050년이 되면 다문화 가족이 220만 명에 이를 것으로 추정됩니다.

게다가 세계적인 '이주의 시대'의 흐름 속에서 한국 또한 새롭게 부상하는 이주 목적국이 되었습니다. 불과 30년 만해도 한국은 사람을 해외로 내보내는 송출국이었습니다. 1903년 하와이 이민이 시작된 이래 한반도 전체 인구의 10%에 해당하는 726만 8천 명이 전 세계 176개국에 살고 있으며, 이 수치는 세계 평균 3%보다 훨씬 높습니다. 한국은 이스라엘, 아일랜드, 이탈리아에 이어 네 번째로 자민족국민을 해외로 많이 송출한 나라입니다.[1]

한국 사회의 가장 큰 변화는 인종, 국적, 언어가 다른 외국인 이주자 유입의 증가입니다. 전체 인구에 비해 외국인 거주자의 비율은 아직 미미한 수준이지만 이런 변화가 최근 20년간 갑작스레 일어났다는 점에서 이 현상이 한국사회에 주는 반향은 매우 중요합니다. 이런 상황에서 기존에 당연하다고 생각되었던 '한국인'이란 개념이 새롭게 재정의될 필요를 요청받고 있습니다.

그렇다면 잠시 고개를 들어 오늘 우리가 살고 있는 한국사회의 현실을 생각해 봅시다. 우리가 세계의 인종차별 사례를 보며 분노했지만 정작 이 땅에서 일하고 있는 이주 노동자들은 21세기 첨단 인종차별에 무방비로 노출되어 있습니다. 우리가 기피하는 힘들고 더럽고 위험한 일들을 도맡아 하고 있는 이주 노동자의 상당수가 '불법체류자'라는 노예낙인이 찍힌 채 인간 이하의 취급을 당하고 있습니다. 성경에는 "남의 눈에 있는 티끌은 보고 자기 눈에 있는 들보는 보지 못한다"는 말이 나옵니다. 우리 사회의 폭력적인 인종차별에 눈 감고 있다면 우리는 과연 미국 남부의 백인과 무엇이 다른가요? 한국 사회는 미래를 어떻게 설정하고 설계할 것인가라는 중대 기로에 서 있습니다. 여러분, 나부터 앞장서서 차별보다는 존중을 실천하는 소중한 본보기를 만들어 나갑시다.

참고자료

「2014년 한국사회 인종차별 실태 보고대회 자료집」(2014.8.12.)

김민지, 〈경남도민일보〉, 2015년 12월 17일

"냄새나는 한국의 인종차별", 〈한겨레 21〉 제773호 (2009.8.14.)

　– 보노짓 후세인 사건→ http://h21.hani.co.kr/arti/society/society_general/25561.html

박은진, 〈호주일요신문〉, 2013년 11월 21일.

솔로몬 노섭, 『노예 12년』, 열린책들, 2014.

윌리엄 피터스, 『푸른 눈, 갈색 눈』, 한겨레, 2012.

장태한, 『아시안 아메리칸』, 책세상, 2003.

조한욱, '사진의 힘', 〈한겨레신문〉, 2014년 10월 29일

존 하워드 그리핀, 『블랙 라이크 미』, 살림, 2009.

"'피부색 다르면 출입금지'…목욕탕 인종차별" – 우즈베키스탄 귀화여성 구수진 사건 →

　　http://media.daum.net/society/others/newsview?newsid=20111013214317314

해리엇 제이콥스, 『린다 브렌트 이야기: 어느 흑인노예 소녀의 자서전』, 뿌리와 이파리, 2012.

EBS 다큐프라임, 〈강대국의 비밀 5부 – 1964년 미국, 미시시피 자유여름〉, (2014.4.7.방송)

영화 〈피부색깔 = 꿀색〉, (융 헤닝, 로랑 브왈로, 2012)

1. 박은진, 『호주일요신문』, 2013년 11월 21일.

인권 :
나도 사람입니다

김동규

1. 차별들, 차별들, 차별들!

나라면 다음 두 장소 중 어느 곳으로 가서 식사하고 싶을까?

1. 어느 날 초대를 받고 미국에 갈 일이 있었어. 행사가 끝나자 현지인들이 저녁 식사에 초대했지. 저녁 식탁은 평소 내가 먹어보지 못한 고급스러운 음식으로 가득했지. 그들은 나와 몇몇의 친구들을 인권 침해가 판치는 나라에서 온 사람으로 안타깝게 나를 대하면서 우리를 자신이 돌봐야 하는 사람으로 대하더군. 우리는 잘 안 되는 영어로 끊임없이 자기 나라의 인권적 상황이 얼마나 나쁜지를 경쟁적으로 말하면서 식사해야 했어.

2. 그 다음 날 우리는 다른 집에서 우리만의 식사하기로 했어. 한 친구가 자신의 집으로 초대했지. 대신, 자기는 요리를 할 줄 모르니 그냥 부엌만 제공하겠다더군. 그래서 한국에서 온 나는 잡채와 불고기를 만들었고, 다른 나라에서 온 이들은 저마다의 요리를 했어. 우리는 함께 음식을 먹으며 웃고 떠들었지.

함께 토론해봅시다.

나는 어느 곳에서 식사하고 싶고, 그 장소를 선택한 이유는 무엇인지 친구들에게 이야기해 보자. 여기서 중요한 것은 무엇일까? 그런데 만일 좋고 긍정적인 의도로 1번을 선택한 친구가 있다면, 그 친구의 의도는 어떠했을까? 한 번 상상해볼까?

아래 사건은 무엇이 문제일까? 어떤 권리를 침해했을까? (이 장 뒤 별첨자료 참고하되, 이것도 마음에 들지 않는다면, 내가 새로운 권리 하나를 발명해보는 것도 좋겠다.)

　　1980년대 싱가폴의 리콴유 수상은 교육수준이 높은 여성들이 교육수준이 낮은 여성들보다 아이를 적게 낳는 일을 우려했다. 그래서 그는 이렇게 편중된 출산이 지속되면, 앞으로 인재가 고갈될 것이라 생각해서, 교육수준이 높은 여성의 출산을 독려하기 위해, 대학 졸업생이 결혼해서 아이를 갖도록 장려하는 정책을 만들었다. 그래서 리콴유는 국가 지원 온라인 이성 만남서비스, 대졸 여성이 출산 시 재정 지원, 학부 교과과정에 연애교과를 신설하고 대졸 독신자를 위한 무료 '사랑의 배' 사업을 시행했다. 이와 동시에 고등학교 졸업장이 없는 저소득 여성에게는 불임 수술을 받는 조건으로 저가 아파트의 전세 계약금 4000달러를 보조했다.(마이클 샌델, 『생명의 윤리를 말하다』, 111쪽에서)

『여성의 권리 옹호』, 『짐승의 권리 옹호』

1792년 메리 울스턴크래프트라는 여성이 『여성의 권리 옹호』라는 책을 발간했다. 이 책에서 메리 울스턴크래프트는 당대 여성 교육을 거부하는 교육 · 정치 이론가들에게 대항하며, 여성은 남성과 동등한 교육을 받아야 하며 여성들은 국가에 있어 필수적인 존재라고 역설했다. 여성은 단순한 아내가 아니라, 자녀들을 교육하고 남자의 동반자이기 때문에 여성도 교육을 받을 수 있어야 하며, 여성은 장식물이나 재산이 아니며 남성과 동등한 권리를 가진 인간이라는 점을 강조했다.

이에 여성을 '인간과 가장 닮은 짐승'정도로 여겼던 토머스 테일러는 『짐승의 권리 옹호』라는 책을 냈다. 그는 이 책에서 "채소와 광물의 권리에 관한 글들이 곧 이 에세이의 뒤를 이어 나타나서 완전 평등의 교리가 보편화할 것이라고 희망해도 좋을 몇 가지 근거가 있다."라며 여권 신장론에 대해 야유를 퍼부었다.

이어서 올랭프 드 구즈(Olympe de Gouges)는 '여성과 여성 시민의 권리들의 선언'(1791년)을 썼다. 1791년은 프랑스에서 최초의 헌법이 제정된 해였다. 이 헌법에 따르면 인간은 태어나면서부터 자유롭고 평등하며(천부인권), 이러한 자연적 권리의 본질은 국가도 침해할 수 없다고 했다. 이에 입각하여 여성도 동등한 인간으로서 대우를 받을 수 있었을까? 그러나 정작 그렇지 못했다. 헌법의 정신에 입각하여 '여성과 여성 시민의 권리들의 선언'에서 여성이 교수대에 설 권리만이 아니라 연단에 설 권리를 주장했음에도, 구즈는 1793년 단두대에서 처형당한다.

함께 토론해봅시다.

당시 여성의 지위는 어떠했을까? 짐작해 보자.
여성=사람이라는 도식이 작동하지 않는 상황과 비슷하게 사람임에도 사람이 아니라고 간주된 다양한 사례들은 사실 많다. 이런 사례들을 찾아보고 무엇이 문제인지 이야기해 보자.

성소수자 이야기

　A는 나이 30이 훌쩍 넘어서 남성에서 여성으로 성 전환 수술을 했다.(MtF) 주변 사람들은 A가 오랫동안 자신의 영혼과 몸의 성 정체성이 서로 맞지 않아 몸과 마음 고생을 많이 했다는 이야기를 듣곤 했다. 그렇다면 A는 성장하는 동안 그 고통 속에서 간절히 여성이 되고 싶었을까? 아니면 간절히 남성이 되고 싶었을까?

　함께 토론해봅시다.

　책을 잠시 덮고 서로 생각한 답을 얘기하고 그 이유를 이야기해 보자.

　정작 A는 여성이 되고 싶다는 생각을 거의 하지 못하면서 자랐다고 한다. 오히려 남성이 되려고 부단히 노력했다. 그 간절한 노력의 일환으로 남자들은 스포츠를 잘 하니, A도 자신의 큰 키를 활용하여 농구 선수가 되고자 했다. 지금도 A는 여전히 농구를 잘 하는 아줌마로 통하고 있다.

　함께 토론해봅시다.

　A는 왜 간절히 여성이 되기를 바라지 않고 남성이 되려고 했을까? 함께 '공감'하려고 노력하면서, 자신의 생각을 말해 보자.

　물론 다른 트렌스 젠더는 다르게 생각했을 수도 있어. 트렌스 젠딩한 그리고 트렌스 젠딩하려고 하는 모든 사람들이 똑같은 생각을 한다는 게 더 이상하지 않을까? 내가 쉽게 하는 '생각'과 '실제'의 사람들은 다를 수 있어. 그렇기에 내가 모르는 사람의 삶에 대해서 함부로 답을 내리려는 것 자체가 위험한 생각일지도 몰라. 전형적인 답에

타인을 끼워 맞추지 말고, 비슷한 사람들이라도 각기 다른 답을 낼 수 있다고 생각하며 타인의 말에 귀를 기울이는 게 먼저 아닐까? 사람들의 정체성이 다양한 만큼 사람들의 생각도 다양할 테니까. 그러니 이를 부르는 이름도 점점 많아지게 되는 것 같아. 성소수자를 부르는 이름을 사전으로 만들어가는 사람들이 있이 있는 것도 과언은 아니겠지. 한 번 참고해볼래? 앞의 괄호에 MtF라는 말도 무슨 말인지 궁금하지? 이 사전을 참고해봐. 물론 아직 완성되지 않은 사전이며 더 만들어 가야할 사전이라는 것도 유념하면서.(http://www.kscrc.org/)

　　그보다 더한 편견도 살펴볼까? 부산의 보수단체들이 학생의 인권에 반대하면서 발표한 내용들인데, 학생성소수자의 권리를 인정하자는 내용에 이 사람들은 앞으로 AIDS가 만연할거라고들 해. 정말 그럴까? 또한 성소수자의 권리를 인정하면, 성폭력이 증가한다고 해. 이것도 과연 그럴까? 인권을 보장하자는 것이 폭력을 허용하자는 이야기로 연결이 된다고 생각해? 그리고 성소수자의 권리를 인정하면, 사회의 성적 질서가 문란해지고 인구가 감소해서 사회가 붕괴한다고 해. 과연 그럴까? 그리고 이것도 한번 생각해보면 좋겠어. 성소수자의 인권을 인정하면, 내가 갑자기 동성애자가 되고 싶거나 재미삼아 트랜스 젠딩을 시도하고 싶거나 할까? 설혹 인권 때문에 자신 안에 숨겨진 정체성을 찾았다면, 그게 나쁜 일일까? 오히려 자기 정체성을 찾지 못하게 막는 것이 더 나쁜 일 아닐까? 그리고 정체성을 찾는 것이 폭력일까? 정체성을 찾지 못하게 막는 것이 폭력일까? 너희들은 어떻게 생각해?

괜한 의심, 괜한 차별 그러나 같은 차별!

이유 없이 차별과 의심을 받는다면 어떤 기분이 들까? 어떤 학생이 말하길, 학생들 네댓 명이 모이면 어른들은 어떤 문제를 일으킬까 의심부터 한다고 해. 만일 어른들이 모여서 놀고 있는 너희들을 그렇게 쳐다본다면 어떤 느낌일까? 실제로 이런 기분을 느껴 본 적은 없어? 말썽 일으킬 것 같아서, 또는 말썽을 일으키지 않았는데도, 말썽을 일으켰다고 오해 받은 적은 없어? 잔소리를 들을 상황이 아닌 데도 잔소리를 한다든지, 미리 잔소리부터 듣는 경우는 처음부터 너희들을 의심하기 때문은 아닐까? 잠재적 말썽장이로 말이야.

김해의 어느 전통 시장은 외국인 거리에 외국인 상가들이 많아서 사람들이 거기 가기 무섭다고들 해. 심지어 잠재적 성추행자에 범죄자로 인식하는 시선들도 있어.[1] 거기 사는 외국인들은 이런 시선에 어떤 기분이 들까? 앞에서 청소년들이 어른에게 받는 막연한 오해랑 외국인에 대한 막연한 편견은 서로 뭐가 다를까? 이런 시선을 매일 겪게 된다면 어떨까?

위에서 언급된 김해의 전통 시장은 실제로 다양한 외국음식을 맛볼 수 있고, 위험한 곳도 아니야. 오히려 문화다양성이 인정되고 이를 향유할 수 있는 좋은 시장으로 선정돼 방송을 탄 적도 있어.[2]

위 두 사례에서 공통적인 문제는 무엇일까? 이 공통의 문제 때문에 외국인에 대한 차별이 나에 대한 차별로 비화될 수도 있다는 거 아니? 예를 들면, 취업을 하지 못하고 있는 한국의 청년이나 장차 이러한 청년이 되지 않도록 충고받는 한국의 청소년이 비슷한 차별의 경험을 하게 된다는 거 말야. 어른들은 청년들더러 "저 외국인 노동자는 가난한 나라에서 와서 살아보겠다고 저리도 애 쓰는데, 너는 왜 취업도 못하고, 그렇다고 일도 하지 않으면서 집 안에 처박혀 사느냐?"라고 하거나, 청소년들을 향해 "저 외국인 노동자처럼 되지 않으려면, 그리고 취업도 못해서 빌빌 거리는 저 형님처럼 되지 않으려면, 열심히 공부해!"라고 말하는 경우를 볼 수 있어. 이처럼 외국인에 대한 차별이 엄친아가 못된 우리를 향한 차별로 돌변할 수 있어. 물론 차별이 직접 나를 겨냥하지 않는다고 '차별'이 아닌 것도 아니야. 이처럼 차별은 당장 나를 겨냥하지 않더라도, 돌고 돌아 나를 향할 수도 있고, 내게 차별이 오지 않는다고 해도, 그 차별로 다른 사람이 고통 받는다는 걸 기억하면 좋겠어. 차별 받는 걸 좋아하는 사람이 있을까? 차별에 계속 노출되다보면 그 사람은 어떻게 될 것 같아?

---

1. 민주시민교육원 나락한알, 『시민의제사전 2016』, 소요-You, 2015, 164-170쪽 참고.
2. http://www.hankyung.com/news/app/newsview.php?aid=2016020339111

2. 기존의 문법을 넘어서

차별을 없애는 말에서 차별 발견하기

양성평등은 흔히 좋은 말로 사용되었어. 그런데 정작 이 말은 새로운 차별을 낳는 말이 될 수도 있어. 왜 그런 걸까?

만일 이 말이 가진 차별의 의미를 알았다면, 이 말을 어떻게 바꾸어 쓰는 것이 좋을까? 더 좋은 말을 만들어 볼까?

인권 문제 해결을 위한 중간 질문

선생님의 인권이 중요할까? 학생의 인권이 중요할까?
남성의 인권이 중요할까? 여성의 인권이 중요할까?
사장의 인권이 중요할까? 노동자의 인권이 중요할까?
한국인의 인권이 중요할까? 외국인의 인권이 중요할까?

그런데 이 질문은 왜 이렇게 서로를 대립적으로만 설정했을까? 이렇게 선택하게 하면, 우리는 이상한 게임에 빠져드는 것은 아닐까? 우/열의 덫을 벗어날 수 없는 게임 말이야. 오히려 저 질문에 빠지지 않고 다른 질문을 만드는 건 어떨까? "왜 인권에 우열을 따지려 들지?"하고 말이야. 예컨대 인권에는 당장 시급한 문제를 해결하기 위해 선/후를 따질 순 있겠지만, 그렇다고 인간의 권리에 우열을 따지진 않지. 그러니, 질문이 이상하다 싶으면, 그 질문의 덫에 걸려들지 말고 최선의 질문으로 바꾸어 보는 것도 좋겠어. 그래야 최선의 해결책이 나오니까.

인권의 보편성

인권을 우/열로 나누기 어려운 것은 인권이 '모든 사람'에게 '적용'되는 보편성을 가졌기 때문이야. 그래서 인권 문제로 충돌이 생기면, 인권은 대개 그 '모든 사람을 위한 최선'의 해결책을 찾으려고 해. 우리도 인권이 갖는 보편성에 대한 감수성을 길러보는 게 어떨까? 다음 이야기를 한 번 들어 볼까?

– 우리 대 그들의 문법을 넘어 –

내가 소수자를 '그들'이라 부르게 되면, 나는 자연스럽게 '나는 거기에 속하지 않아'라는 의미가 형성돼. 그래서 내가 비록 선한 의도를 갖고 있다고 하더라도, '그들'을 향해 동정과 시혜의 눈빛을 보내는 우월한 자리에 서게 되는 거야. 가장 처음에 이야기 했던 식사 초대의 불쾌함을 다시 떠올려 볼까. 그나마 선한의도마저 없다면, 나는 완벽한 '가해자'의 폭력을 행할 수도 있어. 반대로 내 안의 소수성 또는 내가 가진 소수성이 아니더라도 우리는 '인권'을 위해 같은 자리에 함께 설 수도 있어. 아래의 이야기도 함께 볼까?

"장애인에 대한 차별과 억압에 맞서 싸우기 위해 반드시 장애를 가지고 있을 필요가 없고, 빈곤에 맞서 싸우기 위해 반드시 빈곤할 필요가 없듯이, 성소수자 차별에 맞서 싸우기 위해서 반드시 성소수자일 필요는 없습니다. …… 심각한 인권문제라 생각하니 함께하는 것이지, 꼭 같은 정체성을 가져야만 되는 건 아니지 않나요?"(류은숙, 『심야인권식당』, 66쪽)

어떤 느낌이 들어? 당사자든 아니든 '심각한 인권문제'라고 생각하는 사람들에게 '우리 vs 그들'의 문법이 적용될까?

단번에 해결책을 낸다고, 이때까지 해결되지 않던 인권 문제가 단번에 해결되지는 않을 거야. 역사상 그런 일은 드물지. 사람 사는 게 수학 공식처럼 딱 떨어지지는 않으니. 그렇다면 우리가 바라는 최선을 포기하고, 현실을 있는 그대로 받아들이고서 적응하며 살면 되는 걸까?

그럼에도 우리가 인권을 포기하지 않아야 하는 이유는 현실에 작동하지 않는 최선의 이념(인권과 같은 이념)이 늘 현실을 진단할 수 있는 기준이 되기 때문이야. 그리고 물 밑에 숨어 있던 갈등을 기어이 끌어올려주는 힘도 갖고 있지. 우리는 이걸 큰 의미의 '정치'라고 부를 수 있어. 그렇다면 인권이라는 기준을 우리가 포기하지 않아야, 진단과 발명 그리고 문제의 개선이 생기는 것 아닐까? 그러니, 인권이라는 잣대를 들고 현실에 견주어 보면 어떨까?

그렇게 한다면 우리는 아마 최선의 해결책을 답처럼 정해놓고 그걸 외우기보다는 끝없이 좋은 것을 상상하게 될 거야. 그리고 현재 없는 권리를 발명하거나 발견하게 되는 거지. 그러면서도 최선의 해결책은 없다고 했으니, 현재 최선이라고 내놓은 해결책을 우리는 다시 뛰어넘어야 할 거야. 그러니 인권은 늘 역동적일 수밖에 없겠지. 이 발명과 발견이 주는 치유의 힘을 느껴보지 않을래?

함께 토론해봅시다.

그렇다면 너희들이 누려야 할 권리인데, 누리지 못하고 있는 건 없어? 서로 이야기를 나눠보고 새로운 권리를 발명해보는 건 어떨까?

〈나도 권리 발명가 : 내가 누리지 못한 권리 그리고 내가 발명한 권리들〉

3. 학생의 권리를 넘어서

학생의 권리를 넘어[3]

　너희들이 생각한 것 중, 학생의 권리(인권)에 해당하는 건 어떤 것들이 있을까? 앞에서 보았던 메리 울스턴크래프트 기억나? 그녀를 비난하며 적용했던 '여성=짐승'이라는 공식을 학생에게도 적용할 수 있지 않을까? 학생이나 어린이, 청소년은 미성숙한 인간이라고들 해. 그런데 성숙과 미성숙의 문제를 따지기 전에, 미성숙하다고 인간적 권리를 박탈당할 수 있는 걸까? 최근에 이런 문제를 고민한 사람들이 '학생인권조례'를 제정하려고 하고 있어. 부산도 그런 움직임이 일어나려고 하는데, 정작 조례가 제정되려는 움직임이 일기 전, 부산에 학생인권조례가 제정될까봐 미리 반대집회가 열렸어. 그 사람들이 어떤 주장을 했는지 아니?

　학생인권조례 반대집회의 주장
　1. 학생의 인권을 보장하면, 기초학력이 저하된다. 심지어 인권조례가 통과된 해당 지역의 학습력이 저하되었다는 통계도 있다.
　2. 학생인권조례 중 성소수자 학생의 인권을 보장해줘야 한다는 내용과 관련하여,
　　1) 학생들이 무분별하게 임신을 할 것이다.
　　2) 학생들이 문란한 성접촉과 성행위를 할 것이다.
　　3) 에이즈가 확산될 것이다.
　3. 학생에게 종교의 자유를 인정하면, 사이비 종교가 만연해서 위험해 질 것이다.
　4. 학생인권을 보장하면, 학생폭력이 증가하고, 매 맞는 선생님도 증가할 것이다.

반대집회 주장에 대한 반박

1. 기초학력 저하와 인권의 문제 : '인권보장'이라는 주제와 '기초학력' 저하 사이의 비례관계를 논할 수 있는 '논리적 연관성'이나 '논리적 근거'가 있을까? 기초학력 저하를 말하기에 정작 직접적으로 관련이 되는 다른 요인이 있지 않을까? 그리고 인권이 기초학력과 관계가 된다고 치자. 그렇다면 너희들의 인권이 학력을 근거로 짓밟혀도 되는 걸까?

2. 성소수자의 권리를 인정하면 과연 에이즈가 확산되는 걸까? 이 부분은 앞서 살짝 살펴보았었지? 이건 동성애와 에이즈의 유관성이 이미 편견이라는 것이 널리 알려져 있음에도 불구하고, 기존의 부당한 편견을 그대로 적용하는 문제가 있는 거야. 심지어 학생의 '성에 대한 권리'를 인정하는 인권 항목 중 학생더러 조기 임신하라고 권유하는 내용이 있을까? 그리고 학생들에게 인권의 이름으로 문란한 성행위를 하라고 부추길 수 있을까? 인권이라는 항목이 과연 이런 것을 허용할까? 오히려 부득이하게 임신한 학생에게 차별하지 말고 인권적 대우를 하라고 가르치겠지. 인권은 성이라고 하는 가치에 존엄성을 부여하려 할 뿐이지.

3. 종교의 자유를 인정하면, 학생들은 사이비 종교의 유혹에 넘어가게 될까? 당연히 그럴 위험에 노출되는 걸까? 오히려 인권이라는 항목은 '사이비 종교'의 사이비를 '인권'침해로 놓고 인정하려 들지 않으려 하지 않을까? 중요한 건 이 '사이비 종교'의 문제를 언급하는 사람들 대부분이 '기독교' 계통(카톨릭 개신교)의 사람들이라는 점이야. 물론 소수의 불교계통의 참여자도 있어. 문제는 특정 종교의 패권을 유지하려고 개인의 권리인 종교의 자유를 오히려 '억압'하려는 불순한 의도가 보인다는 의견이 있다는 점이야. 예컨대 특정 종교단체가 운영하는 학교에서 그 종교만을 가르칠 수 있도록 (강요?) 하겠다는 의도도 보인다는 거지.

4. 학생 인권을 인정하면, 학교 폭력이 증가하고 매 맞는 선생님이 증가한대. 이건 그냥 한 마디만 해도 될 거 같아. 그렇다면 학생의 인권이 폭력을 유발한다는 건데. 폭력은 인권이 최선을 다해 막으려는 거 아녔어? 인권의 이름으로 학생에게 폭력을 가해도 안 되지만, 인권은 학생이 선생님에게 폭력을 가하는 것도 허용치 않아. 안 그래?

이처럼 학생들도 행복을 위한 자신의 권리를 가지려는 건데, 어른들과 선생님들은 왜 이렇게 학생들이 권리를 가지는 것을 무서워하거나 꺼리는 걸까?

학생인권조례 제정과 관련된 이야기

학생들은 학생들의 인권을 위해 '서명운동'을 했다. 그렇다면 그 서명은 법적 효력을 가질까? 답은 "아니다!"이다. 만 19세 이상만 서명권을 가진다. 그러니 학생들은 자신의 권리를 위해 법적 권리를 주장할 수 없다. 그렇다면 어른들은 학생인권에 대해 관심을 가질까? 〈교육산업신문〉의 2010년 7월 6일자 보도에 따르면 교사 중 76%가 두발, 복장, 체벌금지에 관한 학생인권조례제정에 부정적인 의견을 가진다고 보도하고 있다. 마치 이를 반영하듯 서울에서 학생들의 무상급식에 대해서는 단숨에 80만 명의 어른이 서명했지만, 학생인권조례제정에 관해서는 학생들이 6개월간 부단히 서명 운동을 했음에도 겨우 8만 명 남짓의 어른들 서명을 받아냈다. 왜 이런 차이가 생길까?

함께 토론해봅시다.

다른 지역의 학생인권조례를 참고해서, 학생들이 누려야할 권리에는 어떤 것들이 있는지 조사해보자. 흥미로운 권리가 있다면, 서로 이야기해 보자. 그리고 앞서 너희들이 발명한 권리를 여기에 추가한다면 어떤 것이 있을까?
그리고! 한 가지만 더 묻자. '학생인권조례'는 앞에서 본 양성평등처럼 새로운 차별은 낳을 수 있는 것은 아닐까? 그렇다면 '학생인권조례'가 가린 또 다른 그늘은 없을까? 그게 뭘까?

다수성 / 소수성

다수성과 소수성의 항목을 만들어보자. 다수성을 주류적 가치라고 생각하고, 소수성을 비주류적 가치로 놓으면 된다. 주류적 가치는 '권력'에 좀 더 가깝고, 비주류적 가치는 '권력'에서 좀 멀다고 생각해도 될 것 같다. 빈칸이 모자라면 더 늘려서라도 어떤 것들이 있을지 써보고 옆 친구랑 항목을 비교해서 이야기 해보자.

다수성	소수성
서울	지방
갑	을
부자	빈자
권력자	약자
어른	아이
내국인	외국인

이 항목들을 나에게 적용해보면, 나는 다수자일까? 소수자일까? 위에서 내가 언급한 차별 경험 중에 소수성에 해당하는 항목도 적어보자. 내 안의 소수성은 어떤 것들이 있었을까?(조용히 혼자 생각해보자.)

이 문제를 해결하려면 어떻게 하는 것이 좋을까? 위에서 언급된 소수성을 모조리 가지고 있는 사람들은 없을까? 그 사람의 삶은 어떨까? 과연 그 사람은 '인권'을 박탈당할 이유가 있을까? 그렇지 않다면 우리는 어떤 해결책을 제시할 수 있을까? 어쩌면 우리는 모두 소수자일지도 몰라.

---

3. 중학생들과 초등생들의 다양한 의제가 수록되어 있는 『시민의제사전 2016』 참조.
   민주시민교육원 나락한알, 『시민의제사전 2016, 소요-You, 2015, 346-366쪽.

4. 우리는 모두 난민이다?

차별이 생명권과 직결되는 경우는 없을까? 사실 난민 얘기를 하고 싶은 거야. 만일 내가 난민이라면 어떨까? 난민은 오해, 차별, 무관심만으로도 충분히 생명권을 박탈당하는 일이 생겨.

이런 경우를 한 번 생각해봐. 만일 네가 어느 나라의 비리를 알았고, 그 문제를 야당이나 시민단체에 고발하는 쪽지를 전해준거야. 그런데 정부의 비밀경찰이 이를 알고 널 납치했고, 지하 비밀감옥에 너를 감금하고 고문과 폭행을 가했어. 그런데 우연한 기회로 넌 탈출하게 된 거지. 물론 네가 탈출한 나라는 널 국제지명수배자로 만들었어. 그런 상황을 안 너는 이제 한국에 망명자로 입국하려고 해. 하필 망명국을 한국으로 정한 건, 한국이 아시아 최초로 난민법을 통과한 나라라는 걸 최근 들었던 거야. 물론 너는 국가가 규정한 반역죄 말고는 그 어떤 사소한 범죄도 저지른 적이 없지. 그

함께 토론해봅시다.

1.난민 질문을 하나 더 할게. 우리나라 난민1호로 인정받으신 분은 과연 우리나라에서 잘 살고 계실까? 인터넷 사이트에 '에티오피아 데레세'로 검색해 보자.

2. 한국 사람들은 난민이었던 적이 없었을까? 아니야, 실은 한국의 대통령 중 난민 출신이 있어. 누굴까? 그리고 거창하게 대통령이 아니라도 한국 사람이지만 난민 이었던, 그리고 현재 난민인 사람들은 없을까? 한국인들은 도대체 어떤 이유로 난 민들이 되었을까?

런데 경유국가인 중국에도 너희 나라 스파이가 있고, 입국할 한국이라는 나라에도 탈출한 나라의 스파이가 있어. 덕분에 너는 이름을 바꾸고 여권을 위조할 수밖에 없었어. 불가피하게 신분을 위장할 수밖에 없었던 거지. 한국은 너를 받아들일까? 안 받아들일까? 만일 안 받아들여진다면 너는 어찌될까? 어찌해야 할까? 다른 나라에서도 널 받아들일까? 이 이야기에 대해 자세히 알고 싶다면 『내 이름은 욤비』라는 책을 한 번 보는 게 좋겠어.

2015년 9월, 터키 휴양지 보드룸 해변에서 3살 어린이 아일란쿠르디의 시신이 발견되었다. 시리아 내전으로 인해 가족들과 함께 유럽으로 이주하던 중 지중해에서 배가 난파되어 터키 보드룸 해변으로 시신이 떠밀려 온 것이었다.

익사한 난민 어린이, 아일란 쿠르디

인도의 모래조각가 수다르산 팻낵의 추모작품

난민문제를 생산하는 인권 파괴자와, 이 반대에 이 문제를 부끄러워하고 슬퍼하면서 이문제를 해결하려는 사람들도 있어. 우리는 어느 쪽에 서 있어야 할까?

난민문제에 관심이 있다면 아래 페이지들을 들러보자.

한국 유엔 난민기구: www.unhcr.or.kr

난민인권센터: www.nancen.org

피난처: www.pnan.org

밥(빵)과 장미

　밥과 장미라는 말이 있어. 밥은 인간으로서 누릴 '생물학적 권리'를 말하는 거라고 생각하면 쉬워. 예컨대 의, 식, 주와 관련된 것이지. 하지만 장미는 인간으로서 누릴 '문화적−사회적 권리'와 관련이 있어. 예컨대 차별 당하지 않고 자유롭고 평등한 인격으로 존중 받으며 살 권리 같은 거지. 인간은 단순히 생물학적 생명만을 누린다고 살 수 있는 게 아니야. 따뜻한 배려와 보살핌의 관계 속에서 인격적 대우를 받으면서 살 수 있어야만 진정한 인간의 권리를 누릴 수 있는 거지. 인격적 모멸감과 배제, 무시, 차별 속에서 '인간답게' 살 수 있는 사람이란 없어. 너희들이 빼앗긴 장미에 대해서도 서로 얘기를 나눠보는 건 어떨까? 무상급식과 같은 밥의 문제를 넘어선 권리를 꿈꿀 이유가 있는 것도 그 때문이야. 정말 학생은 '밥'만 누리고 '장미'는 누릴 수 없는 존재인 걸까? 도대체 어른들은 왜 학생이 장미를 누릴 수 없다고 생각하는 것일까?

유창한 말 한 마디도 못해서

　드라마 속의 등장인물들은 때로 말도 안 될 정도로 억울한 상황을 마주하고서도 격한 감정을 실어서 자신의 처지를 논리 정연하게 주장하기도 해. 하지만 실제 상황이라면 사람들은 대개 '말문이 막히기' 마련이지. 드라마의 등장인물들은 '말문이 트인' 셈인데, 이는 물론 비슷하게 억울한 일을 당한 사람의 속을 긁어주려고 했던 거겠지만, 정작 현실은 그렇지 않아.

　약하고, 차별 당한 사람일수록 말문이 막히는 경우가 많지. 그래서 제 목소리를 못내고 숨어 있는 경우가 많아. 성소수자들을 생각해봐. 심지어 지방에 살아서 표준어를 잘 못하고, 외국에 살다오거나 외국인이라서 '한국어'를 유창하게 못하는 사람들을 생각해봐. 우리는 이들을 다수자라고 말하기 어려워. 심지어 한국은 '영어' 잘 하는 사람을 다수자 취급을 하니, 영어를 모르면 한국인이라도 '소수자'의 처지가 돼.

　그렇다면 제 목소리를 못 내거나, 낼 수도 없는 사람의 편에 서서 그들을 지지하고 지원해야 하는 사람이 있어야 하는 건 아닐까? 그래서 너희들이 빼앗긴 밥과 장미가 무엇인지 생각할 때, 다른 사람이 빼앗긴 밥과 장미도 함께 생각해보면 좋겠어. 그리고 너희 힘으로 그 밥과 장미를 찾아오면 좋겠어. 나의 삶, 당신의 삶, 그리고 우리의 존엄한 삶을 그 누구도 검열하고 파괴할 수 없는 작품으로 만들기 위해서라도 말이야.

당신이 빼앗긴 인권에 귀 기울이고, 이를 되찾기 위해 함께 노력하고 싶습니다.
(여기서는 인권침해라고 생각했던 경험을 서로 공유한다. 우선 내가 당했던 침해나 주변에서 경험했던 침해의 사례를 친구들에게 이야기한다. 하지만 여기 빈칸에는 내 이야기가 아니라, 다른 친구가 한 이야기를 적는다. 그리고 친구의 이야기 중 공감한 부분을 적고, 인권침해라고 생각할 수 있는 이유를 추론해서 적는다. 혹, 이 문제를 해결하기 위해 내가 제시할 수 있는 해법이 있다면 적어보자. 물론 반드시 해법을 적을 필요는 없다. 함께 공감하고 이해해주는 것으로도 충분하다.)

인권 발명을 위한 에피소드

사실 세계인권선언이 1948년에 발표되었으니, 인권선언 이후 인권에 대한 논의나 연구는 아직 100년이 되지 않은 셈이야. 그렇다면 인권은 우리가 계속 발굴하고 발명해나가야 하는 것 아닐까? 그렇다면 현재의 '차별'에 대해서는 '민감'하고, '해결'을 위해서는 '현명'해야 하고, '발굴'을 위해서는 '감각적'이면서도 '성실'해야 하고, '발명'을 위해서는 '창의적'이어야 하지 않을까? 예민하고 현명하고, 감각적이며, 성실하면서도 창의적인 사람이 되기 힘들다고? 쉬운 방법이 있지, 남의 얘기를 듣고 참조하는 소통과 지지만으로도 충분하거든. 그럼 이를 위해 아래 이야기들도 조금 더 들어볼래?

상상을 현실로 1

1) 식량권이라고 들어봤니?

브라질의 벨로우리존치라고 하는 시는 지구 최초로 '식량권'을 발명한 곳이야. 여기는 가난한 사람들이 많이 살고 있었는데, 가난해서 끼니를 해결하지 못하는 사람들의 문제만이 아니라, 모든 사람들의 식량문제를 해결하기 위해 모든 시민이 식량에 대한 권리를 가진다고 선언한 곳이지. 그래서 벨로우리존치 시는 식당을 시가 직접 운영하는 방식을 취했어. 이름이 민중식당인데, 임대료 문제가 해결된 이 식당은 2만 2000인분의 음식을 조리할 수 있으며, 대략 1만 5000인분의 음식을 매일 만들어내고, 하루에 1만 4000명에게 식사를 제공한다고 해. 브라질 사람들은 주로 점심을 가장 화려하게 먹어. 이 식당에서 점심은 쌀, 콩, 채소, 샐러드, 고기, 과일주스, 우유, 후식을 제공하는데, 단돈 2헤알(약 1달러, 우리 돈으로 약 1,100원)이면 돼. 저녁은 콩, 채소, 마니옥(카사바), 닭고기나 돼지고기로 된 수프를 1헤알에 제공하고, 가장 간단한 먹거리를 제공하는 아침은 0.5헤알에 제공된대. 그나마 소득보조를 받는 사람들은 기존 가격에서 50% 할인된 가격으로 먹을 수 있고, 노숙인들에게는 식사가 전부 무료래. 시민의 모든 사람들, 심지어 노숙인들도 격리되지 않고 함께 어울려 먹을 수 있는 시민의 식당이지. 어서와, 이런 식당은 처음이지?(『도시의 로빈후드』, 154-176쪽에서.)

2) 도시권이라고 들어봤니?

인권의 항목 중 주거권은 많이 들어봤을 거야? 그런데 '도시권'이라는 말은 들어봤어? 도시권이란 도시민이라면 모두 그 도시를 편리하게 사용할 수 있고, 그 도시의 쾌적함과 아름다움을 누릴 수 있는 권리가 있다는 거야.

최근 대학생들이나 청년들이 좁은 방에서 주거권을 누리면서 살기 어려운 세상이 되었어. 치솟는 집값과 땅값을 감당하기에 젊은 세대들은 너무나 큰 부담을 겪게 되지, 한국도 예외는 아니야. 심지어 임대비용이 비싼 프랑스의 파리 같은 경우는 아예 거리의 텐트에서 사는 사람들도 꽤 있어. 아르헨티나는 국민의 2%가 국토의 80%를 소유하고 있대. 한국의 노숙인들도 자신의 문제보다는 한국의 경제 구조에 희생된 경향이 많아.『한국의 노숙인』이라는 책을 보면, 한국의 노숙인은 1997년(IMF 이후) 굉장히 증가했다는 보고가 있어. 노숙인이라고 '인권'이 박탈될 이유는 없겠지? 그렇다면 이렇게 집 없이 사는 사람들, '주거권'이 보장되지 않은 사람들을 위해 만든 또 다른 권리가 '도시권'이야. 도시를 쾌적하고, 아름답게 그리고 편리하게 모든 도시민과 방문객이 사용할 수 있다면, 그 도시는 어떤 곳일까? 이런 상상력을 펼친 앙리 르페브르라는 사상가가 있어. 그리고 그의 생각을 간단히 책으로 옮기고 실현하려는 사람들도 많아. 도시민이라는 집단이 힘을 합하여 만든 '작품'이 '도시'라는 거지. 그 도시에서 차별 없이 사람들이 어울려 사는 것을 상상해봐. 뉴욕에는 공적 장소를 위한 기획(Project for public space)라고 하는 단체가 모든 사람들이 어울려 사는 공원을 함께 기획하고 평가하고 있어. 아주 유명한 시민의 모임이지(www.pps.org). 도시에 대한 권리를 설명한 책도 있으니 참고하길 바라.(강현수,『도시에 대한 권리』)

상상을 현실로 3

우리가 사는 지역에 '가사노동조합'을 만들어보면 어떨까?

가사라는 말에 '노동'이라는 말이 붙으면, 가사가 생산적이고, 가치 있으며, 인격이 투여된 '일'이라는 의미가 돼. 가사노동자도 노동자인걸 생각하면, 그리고 노동하는 사람은 노동조합을 만들 수 있다는 걸 생각하면, 가사노동을 하는 사람들도 '조합'을 만들 수 있지 않을까? 그렇다면 어떤 사람들이 가사노동을 하고 있을까? 엄마, 아빠를 넘어 그냥 남자, 여자, 성소수자가 있을 수 있고, 어린이 청소년도 다양한 이유로 가사노동을 해. 꽤 많은 사람들이 가사노동에 참여하는 거지. 심지어 최근 할머니 할아버지들도 가사노동을 많이 해. 맞벌이 부부의 가사노동을 부득이 보충해야 하니까. 여기에 가사도우미도 합류할 수 있어. 심지어 내국인 외국인 할 것 없이 정말 다양한 사람들이 '가사노동'과 관련하여 다양한 '쟁점'으로 논의할 수 있을 거야. 가사 노동 하나로도 정말 많은 사람들이 모여 많은 권리 이슈를 만들 수 있지 않을까? 그래서 이런 생각을 해봤어. 보통 월급날이 25일이니, 25일을 가사노동자들의 총파업일로 선정하는 거지. 그렇다면 어떤 일이 벌어질까? 가사 노동을 통해 혜택을 받는 사람은 가사 노동의 의미와 가치를 새삼 알게 되지 않을까? 가사 노동을 직업으로 삼는 사람(식당, 세탁소 등)들의 상업적 활력이 생겨 지역 경제가 활성화 되지 않을까? 물론 가사도우미들은 총파업일에는 급료를 제공받는 것으로 하는 거지.

이 모든 게 불가능하다고? 그러니까 관두자고? 그러면 이 좋은 기회들이 모두 날아가 버릴꺼야. 인권은 늘 발명되는 것이고, 늘 불가능한 것을 요구했던 투쟁의 역사였다는 걸 기억해. 왜 계속 권리를 발명해보라고 했는지 알겠어? 좋은 권리가 있다는걸, 그리고 그걸 실현하고 싶다는 생각을 하게 되면, 현재의 부당한 상황에 서 있을 수 없어. 큰 일이든 작은 일이든 어떤 일이든지 해볼 수밖에 없어. 그걸 포기하면, 우리의 행복하고 존엄한 삶의 일부를 포기하는 것이거든. 삶이라는 작품이 조금씩 폐품으로 부식되기 마련이거든.

다시 한 번 물을게. 너희는 너희 삶의 어느 자리에 세우고 싶니?

1. 인권의 정의

인권이란, 인간이라면 누구나 누려야할 권리를 말한다. 예컨대 1948년 세계인권선언에는 이렇게 적혀 있다.

"우리는 인류 가족 모두(보편성)가 원래부터(천부성) 존엄성과 남들과 똑같은 권리

〈국제 인권법상 인정되는 인권의 목록〉

1. 차별금지	2. 생명권
3. 자유와 인신의 보호	4. 노예와 예속의 금지
5. 고문금지	6. 법적 인격 인정
7. 법의 평등한 보호	8. 법적 구제
9. 자의적 체포, 구금, 추방금지	10. 독립적이고 불편부당한 재판
11. 유죄로 판결 날 때까지 무죄 추정	12. 소급입법 금지
13. 사생활, 가정, 통신의 자유	14. 거주이전의 자유
15. 국적보유권	16. 결혼과 가족 구성
17. 가족의 보호와 지원	18. 자유로운 동의에 의한 결혼
19. 결혼생활 내의 남녀평등	20. 사상, 양심, 종교의 자유
21. 견해와 의사 표현의 자유	22. 언론의 자유
23. 집회의 자유	24. 결사의 자유
25. 통치에 참여할 권리	26. 사회보장권
27. 노동할 권리	28. 강제노동 금지
29. 공정하고 양호한 노동조건	30. 노동조합
31. 휴식, 여가, 유급휴가	32. 적절한 생활수준
33. 교육	34. 문화생활에 참여할 권리
35. 자기 결정권	36. 어린이 청소년의 보호와 지원
37. 굶주림으로부터의 자유	38. 보건, 의료 권리
39. 피난처를 구할 권리	40. 소유권
41. 의무교육	42. 자유를 박탈당했을 경우 인도적 처우
43. 채무를 근거로 한 구금 금지	44. 법에 규정된 경우에만 외국인 추방
45. 전쟁 책동 및 차별 선동 금지	46. 소수문화보호
47. 사적 의무 위배를 근거로 한 구금 금지	48. 공공서비스 접근권

와 남에게 빼앗길 수 없는(항구성과 불가침성) 권리를 가지고 있다는 사실을 인정하는 것이, 자유롭고 정의로우며 평화로운 세상을 이루는 밑바탕이 된다는 점을 인정한다."

 – 1948년 세계인권선언의 전문 중에서

2. 인권을 구성하는 기본적인 내용

 – 보편적 내용 : 생명과 안전 그리고 자유와 평등

 – 특수한 내용 : 성, 종교, 문화, 관습, 나이(세대), 정체성, 장애, 학벌 등에 대한 존중

함께 읽으면 좋은 책

강현수, 『도시에 대한 권리』, 책세상, 2010.

류은숙, 『심야인권식당』, 따비, 2015.

린 헌트, 전진성 옮김, 『인권의 발명』, 돌베개, 2009.

마이클 샌델, 강명신 옮김, 『생명의 윤리를 말하다』, 동녘, 2010.

메리 울스턴크래프트, 문수현 옮김, 『여성의 권리 옹호』, 책세상, 2011.

민주시민교육원 나락한알, 『시민의제사전 2016』, 소요-You, 2015.

박용남, 『도시의 로빈후드』, 서해문집, 2014.

아이린 칸, 우진하 옮김, 『들리지 않는 진실: 빈곤과 인권』, 바오밥, 2009.

욤비 토나, 박진숙 옮김, 『내 이름은 욤비』, 이후, 2013.

케빈 베일스, 편동원 옮김, 『일회용 사람들』, 이소출판, 2003.

크리스토프 앰케, 아른트 폴만, 정미라, 주정립 옮김, 『인권철학입문』, 21세기 북스, 2012.

영화가 시대를 말한다 :
영화 톺아보기 스킬 익히기

조원옥

1. 영화는 국카스텐Guckkasten[1]이다

사전 질문 하나!

늘 정지된 그림과 사진만 보다가 처음으로 영화를 봤다고 생각해보자. 스크린을 보고 있는 내 앞으로 기차가 들어오는 장면이다. 나는 어떻게 반응할까?

영화의 시대

영화의 출생일은 흔히 1895년 12월 28일, 프랑스의 뤼미에르 형제가 영사방식의 '시네마토그래프'를 일반에 공개한 날로 꼽는다. 이날 파리의 한 카페에서 뤼미에르 형제가 공개한 50초짜리 영화 ≪열차의 도착≫은 스토리도 없이 그저 열차가 도착하는 장면만 보여주는 것뿐이었지만 19세기 후반의 사람들에게는 충격 그 자체였다. 그래서 이를 본 카페의 사람들은 모두 놀라서 스크린에서 열차가 올 때 진짜로 들어오는 것으로 착각하여 비명을 지르며 달아났다고 한다. 현실을 그대로 재현하거나 연극처럼 재해석해서 보여주는 이 획기적인 대중매체는 삽시간에 문학이나 미술, 건축 같은 기존의 예술장르를 압도하였다. 그래서 출현한 지 한 세대도 지나지 않아 영화는 오랜 활자문명시대의 바통을 이어받아 영상문명시대의 문을 열었다. 알다시피 영화는 다른 예술들과 달리 기술적으로 복제가 가능하고 또 동시에 반복적으로 많은 대중들을 만날 수 있다. 비록 미켈란젤로나 레오나르도 다빈치의 작품처럼 진품이자 명품으로서 권위(아우라: aura)는 없을지 몰라도 대중성과 파급력으로 볼 때 영화는 다른 매체의 추종을 불허한다. 바야흐로 20세기는 "영화의 시대"였다.[2]

그야 물론 다른 문화가 다 죽어 없어지지는 않았다. 그렇지만 활자로 된 책이나 정지한 그림이나 조각, 건축 등과 전혀 다르게 실물 그대로 재현된 사진이 저절로 움직이기까지 하고 또 얼마 지나지 않아서는 소리까지 나게 되자, 사람들은 휴식을 취하고 세상을 보고 읽고 즐기기 위해서 앞 다투어 영화라는 국카스텐(Guckkasten)으로 몰려들기 시작했다. 영화는 대중문화의 총아이자 말 그대로 대세가 되었다. 세계화의 시대인 지금 21세기에 우리는 나라안팎의 소식이나 음악이나 영화 등 모든 정보들을 인터넷을 통해 볼 수 있다. 페이스 북 같은 소셜네트워크서비스(Social Network Service)나 유투브(YouTube) 등을 통해 다양한 대중문화콘텐츠를 볼 수 있고 공유할 수도 있으며 마찬가지로 개인이 만든 콘텐츠를 업로드 할 수도 있다. 대중문화를 제작하고 소비하는 방식과 내용이 날로 진화하고 있는 것이다. 그런 가운데서도 영화는 인류문화사에서 최근에 등장한 젊은 대중매체로서 지금도 글로벌 문화 콘텐츠들 가운데 맏언니의 위상을 잃지 않고 있다.

영화는 빙산의 일각

영화가 최근에 등장한 대중매체라고 했지만 영화가 등장한 지 벌써 120년이 넘었다. 영화 그 자체의 역사가 있었으며, 그 기간 동안 보이는 또 보이지 않는 변화가 많았던 시공간의 산물이라는 이야기다. 멀티플렉스 상영관을 찾아가서 보건 가정에서 DVD로 혹은 파일로 보건 우리가 보는 영화라는 대중문화 텍스트는 해수면위로 떠오른 빙산의 일부에 불과하다. 빙산의 90퍼센트는 수면아래에 있기 때문에 수면 위의 빙산만을 보고 판단하면 유명한 타이타닉 호처럼 수면 아래 빙산과 충돌하여 침몰할 수도 있다. 그래서 영화를 볼 때도 우리는 영화라는 텍스트(Text)만이 아니라 텍스트를 둘러싼 맥락, 곧 콘텍스트(Context)를 살펴보아야 하는 것이다.

---

1. 독일어로, 작은 구멍을 통해 안에서 움직이는 그림을 들여다보는 작은 상자를 뜻하는 말. 중국식 만화경.
2. 영화(映畫)를 가리키는 말은 Film, Motion Picture, Cinema, Movie, Screen, Kino, 7th Art 로 다양하지만, 지금은 디지털 영화 제작이 일반화해서 '필름'이라는 말로 부르는 것도 점점 어색해질 것 같다.

함께 생각해보고 이야기 나눠보자.

나는 영화를 왜 보는 걸까? 함께 생각해보고 나누어보자.
방금 말한 이유 말고도 영화가 다른 목적을 위해 효과적인 수단이 된다면 어떤 것이
있을까?

다음 그림이 보여주는 의미를 한 줄로 이미지 옆에 적어보자.

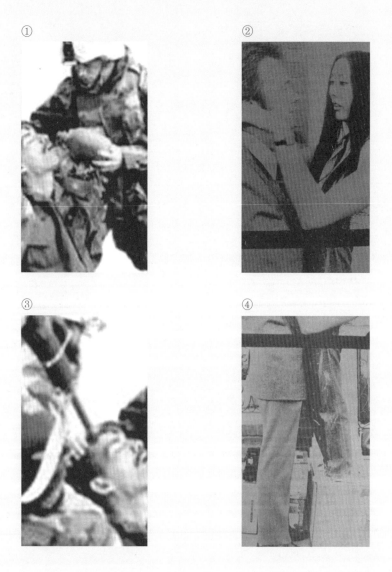

함께 토론해봅시다.

1번과 3번 그림을 합치면 어떤 그림이 나올까? 2번과 4번 그림의 원래 모습은 어떤
모습일까? 직접 그려보자.

①+③   ②+④

왜 그리고 어떤 이유로 저렇게 장면을 구성했을까?
저렇게 장면을 구성한 사람들은 어떤 입장이었을까?

현실에서 우리는 영화를 오락이나 취미만이 아니라 교양이나 공부의 수단으로도 즐겨 활용하고 있다. 특히 역사적 사건이나 인물을 소재나 배경으로 다룬 역사영화는 재미와 함께 역사적 배경이나 인물에 대한 정보를 주는 좋은 자료가 되기도 한다. 다큐멘터리 영화도 개별 감독들이 만들기도 하지만 내셔널지오그래픽이나 BBC, CNN 또 우리나라 교육방송(EBS) 등에서 기획 제작한 다양한 교양다큐멘터리들은 좋은 영상자료가 된다. 그래서 영화는 초기나 지금이나 인기와 활용도가 높은 영상매체이다.

영화나 텔레비전 프로그램 등 영상콘텐츠는 책의 독자나 다른 예술의 소비자와 비교할 수 없을 정도로 소비의 단위가 크다. 한국에서도 영화는 대중문화에서 부동의 절대강자의 자리를 지키고 있다. 인구가 5천만 명 남짓한 한국에서 21세기에 들어와 편당 유료관객이 천만 명이 넘는 영화가 10편이 넘는다.[3] 천만 명이 넘는 사람들이 극장을 찾아 동일한 영화를 관람했다는 것은 영화가 굴뚝은 없지만 산업으로서 그만큼 수지가 맞는 것이라는 의미이다. 한편으로 영화가 수많은 관객대중들의 의식적이고 무의식적인 생각이나 욕구를 반영하기 때문에 영화는 여러 면에서 그 시대의 사회적인 의미를 띤다. 이는 다큐멘터리 영화도 마찬가지다. 요컨대 다큐멘터리건 극영화건 영화가 만들어지는 시대를 반영하게 마련이고 따라서 사회적인 의미를 띠게 된다는 말이다.

문화산업, 영화

영화를 보는 관객으로서 우리의 입장으로 시선을 돌려보자. 우리는 자신이 속한 시대와 공간에서 각자 살아가는 존재이지만 영화라는 대중매체를 그저 취향에 맞춰 소비하는 문화소비재로 가볍게만 생각할 수는 없다. 누군가에게는 영화가 현실에서 이루기 힘든 꿈이 잠시나마 대신 실현되는 "꿈의 공장"일 수도 있다.[4] 반면에 어떤 사람에게는 영화가 "거짓된 모습으로 가득 한 유령의 도시"일 수도 있고[5] 또 "대중을 기만하는 문화산업"일 수도 있다.[6] 영화를 어떻게 정의하든지 영화는 흔히 생각하는 것보다 훨씬 더 우리의 삶에 직간접으로 크고 넓게 영향을 미친다. 따라서 영화를 보는데도 '스킬'이 필요하다.

함께 토론해봅시다.

다음 두 장면을 보고 우주로 튕겨나갈 것 같은 장면과 우주선으로 들어갈 것 같은 장면이 어떤 것인지 골라보자.
그리고 나는 왜 그 장면을 그렇게 보았는지 생각해보자.

3. ≪명량≫(2014), ≪국제시장≫(2014), ≪베테랑≫(2015), ≪도둑들≫(2012), ≪7번방의 선물≫(2013), ≪암살≫(2015), ≪광해, 왕이 된 남자≫(2012), ≪변호인≫(2013), ≪해운대≫(2009), ≪괴물≫(2006), ≪왕의 남자≫(2005), ≪태극기 휘날리며≫(2004), ≪실미도≫(2003).
4. 일리야 에렌부르크, 김혜련 옮김, 『꿈의 공장: 할리우드 영화산업 선구자들의 시련과 야망』, 눈빛, 2000
5. 마셜 맥루헌, 김성기 외 옮김, 『미디어의 이해』, 민음사, 2002.
6. 테오도르 아도르노, M. 호르크하이머, 김유동 옮김, 『계몽의 변증법』, 문학과 지성사, 2001

보통은 왼쪽 그림이 우주로 튕겨나가고, 오른쪽 그림이 우주선으로 들어가는 장면이라고들 해석한다. 왜냐하면 우리는 글을 읽을 때, 왼쪽에서 오른쪽으로 읽는 버릇이 있기 때문이다. 그래서 영상을 읽을 때에도 그렇게 읽는 '버릇' 때문에, 위와 같은 장면을 볼 때도, 그러한 고정관념이나 습관대로 의미를 만들어내기 마련이다. 실로 영화 안에는 인간의 삶에 대한 관점, 사회에 대한 관점, 역사에 대한 관점, 행동의 습관 등 다양한 것이 이미 반영되어 있다. 오늘날 영화(映畫)가 이미지의 시대를 대표하는 대표적인 장르라고 한다면 영화의 영향력은 실로 막강한 셈이다. 또 영화는 연극과 같은 종합예술이지만 동시에 필름, 음향, 전기산업 등에서 다양한 첨단의 기술이 적용되고 많은 인력과 엄청난 자본이 투입되어 만들어지는 고위험의 벤처산업이기도 하다. 한마디로 영화라는 대중매체를 둘러싼 환경이 시대의 특징과 한계를 가지며 또 영화는 처음부터 국제화가 가능했던 글로벌 문화산업이기도 했다는 점이다.

함께 토론해봅시다.

내가 처음 본 영화는 무엇인지, 가장 최근에 본 영화는 무엇인지 말해보자.
처음 본 영화에서 최근에 본 영화까지 달라진 점이 있다면 무엇이 있을까?
천만 영화시대는 과연 좋은 것일까? '천만'과 '영화' 중 무엇이 더 중요하게 부각되는 말일까? 그렇다면 여기서 무슨 문제가 생길까?

2. 역사영화 바로보기

　좀 이상하게 들리겠지만 우리나라에서는 교육현장에서 역사와 세계사 과목이 아주 홀대를 받고 있는데 역설적으로 대중문화 쪽에서 보면 역사물을 소재나 주제로 만든 영화들은 인기몰이 중이다. 대체 왜 그런 것일까?

　한국 영화들 가운데 지금까지 천만 관객을 동원한 대박 영화들을 한번 꼽아보면 다음과 같다. 《명량》(2014), 《국제시장》(2014), 《베테랑》(2015), 《도둑들

≫(2012), ≪7번방의 선물≫(2013), ≪암살≫(2015), ≪광해, 왕이 된 남자≫(2012), ≪변호인≫(2013), ≪해운대≫(2009), ≪괴물≫(2006), ≪왕의 남자≫(2005), ≪태극기 휘날리며≫(2004), ≪실미도≫(2003) 그리고 가장 최근의 작품으로는 ≪부산행≫(2016)이 그것이다. 이 중에서 역사적 인물이나 역사 속의 특정 시대를 배경으로 삼은 영화만 무려 여덟 편에 달한다. 이것만 봐도 영화 소재를 찾는 광산에서 역사물은 마르지 않는 샘물, 그야말로 노다지라는 말이다. 역사영화의 소재나 배경이 되는 시대는 고대부터 현대까지 시간을 가리지 않는다. 선사시대와 고대뿐만 아니라 현대사도 그 대상이 된다. 가령, 한국전쟁시기를 다룬 ≪태극기 휘날리며≫나 ≪웰컴 투 동막골≫과 같은 영화들이나 ≪효자동 이발사≫, ≪그때 그 사람들≫, ≪오래된 정원≫, ≪화려한 휴가≫에서 보듯이 비교적 최근의 역사도 영화의 소재가 된다. 역사영화가 문자로 된 역사서를 멀찌감치 따돌리고 대중들이 역사를 접하는 주요한 수단이자 가장 대중적인 역사적 표현물이 되었다. 이제 역사영화는 과거를 현재의 관심에 따라 재구성하여 담는 기억의 공간으로서 현대인의 삶과 분리해서 생각하기 힘든 매체가 된 것이다.

함께 토론해봅시다.

13편의 영화 중 역사영화의 비중이 많은 이유는 무엇일까? 나만의 견해를 쓰고 함께 이야기해보자.
미래를 그린 SF영화도 어떤 면에서는 시간을 다룬 역사영화라고 말할 수 있을까?

할리우드 블록버스터

이제 시선을 나라 밖으로 돌려보자. 우리가 영화로 보는 역사물 가운데는 세계사를 다룬 영화들이 상당히 많다. 우리는 대개 멀티플렉스나 인터넷, 혹은 텔레비전에서 방영되는 방식으로 외국영화를 보게 된다. 이들 영화들은 유럽, 아시아, 아프리카 등 전 세계에서 제작된 영화들일 것이다. 그렇지만 사실 우리가 접하는 대부분의 역사영화들은 미국, 특히 할리우드에서 제작된 블록버스터 역사영화들이다. 할리우드 역사영화들이 다루고 있는 역사도 비단 미국의 역사뿐만이 아니다. 고대 지중해 지역(그리스·로마 시대)부터 시작해서 유럽의 중세나 르네상스 시기, 종교개혁 시기, 대항해의 시기, 18세기부터 현대에 이르기까지 세계의 역사가 망라돼 있다. 시대와 장소를 막론하고 세계사 전체가 할리우드 역사영화의 소재가 된다.

예를 한번 들어보자. 제2차 세계대전 시기에 독일의 히틀러는 유럽에서 600만 명의 유대인을 학살했다. 이를 홀로코스트(Holocaust)[7]라고 부른다. 그런데 우리는 그런 역사적 사실을 주로 무엇을 통해 접할까? 역사에 특별히 관심을 가진 시민들이나 역사학도나 역사가들은 아닐수도 있겠지만 대개는 영화 같은 대중문화들을 통해서이다. 할리우드 영화인 ≪소피의 선택≫과 ≪쉰들러리스트≫를 보고, 또 ≪인생은 아름다워≫와 ≪피아니스트≫를 본 덕분에 우리는 홀로코스트가 인류역사상 얼마나 잔혹한 범죄였는지, 유대인이 역사적으로 얼마나 피해자인지를 알게 되었다. 또 우리는 ≪트로이≫와 ≪300≫을 통해 고대 그리스의 신화와 역사를 알게 되었고, ≪스파르타쿠스≫와 ≪글래디에이터≫를 보고 로마 시대 노예들의 검투사의 존재를 알았다. 영화 ≪킹덤 오브 헤븐)과 ≪기사 윌리엄≫을 보고 유럽 중세의 기사들에 대해 알게 되었고, ≪다빈치 코드≫나 ≪콜럼버스 1492≫와 같은 영화를 보고 르네상스 시기의 천재 레오나르도 다빈치와 유럽인으로서 최초로 아메리카 대륙에 상륙한 걸로 알려진 콜럼

---

7. 홀로코스트(the Holocaust)와 홀로코스트 영화(Holocaust Film): 나치가 12년(1933~45) 동안 자행한 대학살로 학살의 주요 대상은 유대인이었다. 독일과 제2차 세계대전 때 점령 지역의 유대인들을 대상으로 사회적 권리를 박탈하고, 재산을 몰수했으며, 강제수용소에 몰아넣고 강제노역에 동원하거나 가스로 죽였다. 대표적인 대량학살 수용소는 아우슈비츠였다. 전쟁 후, 많은 유대인들이 미국과 러시아, 중동 등으로 이주했고, 중동에 이스라엘이 건국하는 계기가 되었다. 홀로코스트 영화(Holocaust Film)은 홀로코스트를 소재로 한 극영화와 다큐멘터리를 모두 지칭하는 용어이다.

버스를 알게 되었다. 마찬가지로 ≪당통≫이나 ≪마리 앙투아네트≫를 보고 프랑스대혁명을 알게 된 것이다.

이렇게 말하고 보니 역사영화를 통해 우리가 즐거움과 정보(역사적 사실)라는 두 마리 토끼를 잡을 수 있다는 말이 크게 틀린 말은 아닌 듯하다. 아닌 게 아니라 역사영화들 덕분에 우리가 역사에 대한 많은 정보들을 알게 된 건 사실이다.

함께 토론해봅시다.

유대인 대학살을 다룬 영화라면 가해자의 나라인 독일이나 피해자의 나라인 오늘날의 이스라엘에서 더 많이 만들어져야 하지 않을까?
우리는 로마 시대 검투사 이야기를 왜 로마의 후예인 이탈리아가 아닌 할리우드 판으로 보게 되었을까?
프랑스의 왕비 마리 앙투아네트 이야기를 왜 프랑스보다 할리우드가 더 많은 돈을 들여서 만드는 것일까?

위에서 나열한 영화들은 거의 다 미국의 역사가 아니며 미국의 역사에 나오는 인물들이 아니다. 그런데 이들 영화가 미국에서 그것도 어마어마한 제작비를 쏟아 부어 만들어진 이유가 궁금하다. 영화를 보고 나면 더 궁금해진다. 영화에서 다루는 인물과 역사가 미국의 역사가 아닌데 이들 영화에서 할리우드 스타배우가 연기한 이들 인물들이 죄다 미국 영어를 쓰고 있다. 제대로 하자면 ≪트로이≫나 ≪300≫에서는 그리스어가, ≪스파르타쿠스≫와 ≪글래디에이터≫에서는 라틴어가, 또 ≪다빈치 코드≫나 ≪콜럼버스 1492≫같은 영화들에서는 이탈리아어나 에스파냐어가 나와야 할 것 같다. 당연히 ≪마리 앙투아네트≫는 오스트리아 출신으로 루이 16세의 아내가 되었으니 독일어나 프랑스어를 해야 할 것 같다.

함께 토론해봅시다.

영화에서 다루는 인물과 역사가 미국의 역사가 아닌데 이들 영화에서 연기자들은 왜
죄다 미국 영어를 쓰고 있을까?
왜 미국은 자국 역사가 아닌 다른 나라의 역사를 영화로 제작하는 것일까?

이런 의문들을 따라가다 보면, 우리가 이들 영화를 오락뿐만 아니라 역사지식의 통
로로 삼아도 문제가 없는 것인지, 이들 영화를 볼 때 알게 모르게 우리가 어떤 편견을
갖게 되는 것은 아닌지 하는 생각에 이르게 된다. 사실 객관적인 역사적 사실에 기초
해서 썼다고 말해지는 역사서도 실은 사료가 남겨진 시대의 맥락이나 그 사료에 바탕
을 두고 글을 쓴 역사가의 관점, 역사가가 살고 있는 시대를 반영하고 있다. 곧 역사서
도 완전히 객관적일 수 없고 어느 정도 주관성을 띤다는 말이다. 그래서 요즘에는 허
구(fiction)와 사실(fact)의 경계가 모호해지는 이런 현상을 두고 팩션(faction)이란 용
어를 쓰고 있는데, 팩션은 픽션(fiction)과 팩트(fact)의 합성어이다.

사료에 대한 엄정한 비판에 입각해서 역사를 써야 한다는 것은 여전히 전문 역사
가들이 지녀야 할 기본자세이다. 하지만 대중들이 역사적인 사실을 접하게 되는 주요
통로라고 할 수 있는 역사소설, 역사드라마, 역사영화는 사정이 다르다. 따라서 역사
적 사실을 소재 혹은 주제로 한 이런 허구적 구성물의 속성들을 제대로 파악하지 않고
받아들이는 것은 큰 문제가 될 수 있다.

함께 토론해봅시다.

영화를 통해서 내가 알게 된 역사는 어떤 것들이 있을까?
전문 역사서도 역사가의 관점 등 주관적 요소를 포함하고 있는데, 대중매체가 다루
고 있는 역사가 주관적이라는 것이 왜 더 위험할 수 있다는 말일까?

역사영화, 어떻게 읽을까

함께 토론해봅시다.

아카데미 영화제의 작품상은 감독이나 배우가 아니라 제작비를 대고 제작 과정을 지휘한 제작사의 대표가 받는다. 그 이유가 무엇일까?

영화를 "제7의 예술"이라고도 하고 "기술 복제 시대의 예술작품"[8]이라고 부르기도 하지만 사실 다른 무엇보다 산업이다. 대중문화는 그것들을 생산하는 주체와 생산 과정, 그 과정을 통해 생산된 텍스트 자체, 그리고 그것을 일상생활 속에서 경험하는 대중의 수요 과정 등이 복합적으로 얽혀 있다. 영화도 대표적인 대중문화이기 때문에 현대 자본주의 사회의 생산과정을 밟아 생산되는 '문화상품'이다.

그러나 문화상품은 상품이기는 하지만 상품 그 이상이다. 문화상품은 단순히 물질적 필요에 따라 사용하고 버리는 일반 소비재 상품과 다르다. 문화상품은 사람들의 물질적 필요가 아니라 정신적 욕구를 충족시켜주는 상품이기 때문이다. 극장을 찾아서 관람하는 형태이건 DVD나 시디 등을 통해 보는 형태이건 영화를 구매하고 소비하면서, 우리는 그 안에 담긴 정신적 내용에 어떤 형태로든 영향을 받지 않을 수 없다. 이렇듯 대중문화가 그것을 소비하는 관객 대중에게 크게 영향을 주기 때문에 영화와 같은 대중문화를 관리하고 통제하려는 시도가 역사적으로 항상 있어왔다. 말하자면 상품화된 대중문화의 생산 과정에는 최대이윤을 추구하는 경제의 논리가 잠복해 있는 것처럼 대중문화의 소비와 관련해서는 그 사회적인 영향을 통제하고자 하는 정치적 논리가 작용하는 것이다.

영화를 생산하는 것은 기본적으로 자본이기 때문에 자본가는 영화라는 상품의 제작 과정에서 최종 결정권을 갖는다. 아무리 훌륭한 작품이라도 자본가의 마음에 들지 않으면 상품화될 수 없다, 즉 영화로 만들어질 수 없다. 영화를 제작하는 자본가의 목표는 돈을 버는 것이므로 최소의 비용으로 최대의 이윤을 창출하는 것이 궁극적인 목표이다. 그러자면 대량생산과 대량 소비가 필수적이고 이를 위해 다양한 흥행전략들이 필요하게 된다.

함께 토론해봅시다.

영화의 흥행전략에는 어떤 것들이 있을까?

영화의 흥행전략에는 스타시스템 활용, 광고 및 홍보, 배급 및 극장의 수직 합병, 영화법 등 제도적인 문제들이 있고, 영화 내러티브(Narrative)[9] 즉 스토리 전개에는 사랑(섹스), 폭력, 해피엔딩이라는 세 가지 요소가 필수적으로 들어가게 되어 있다. 영화는 이윤을 만들어내기 위한 전략에서 결코 자유로울 수 없다는 명백한 사실 때문에 영화 특히, 역사적 사실을 다룬 역사영화에는 필연적으로 왜곡이 일어날 수밖에 없다.

한편 영화산업은 경제적인 힘뿐만 아니라 정치와 권력 등의 이데올로기(Ideology)[10]로부터 자유로울 수 없다. 흔히 대중문화와 정치를 무관한 것으로 생각하는 경향이 있지만, 대중문화는 정치적으로 대단히 중요한 의미를 지닌다. 대중문화는 알게 모르게 사람들의 의식에 작용하여 정치적 영향을 미친다. 대중문화는 대중에게 정신적 도피처를 제공하여 정치적 무관심을 조장한다. 사실 대중문화는 많은 사람들에게 대단히 중요한 오락을 제공하며 기분전환과 정신적 이완의 통로 역할을 한다. 대중문화 비판자들이 말하는 현실도피와 마취의 기능뿐 아니라 편견도 심는다.

특히 세계 영화산업의 심장부 할리우드는 영상 이미지라는 강한 흡인력을 갖춘 도

---

8. 발터 벤야민, 최성만 옮김, 『기술복제시대의 예술작품/사진의 작은 역사 외』, 길, 2007
9. 실제 혹은 허구적인 사건을 설명하는 것 또는 기술(writing)이라는 행위에 내재되어 있는 이야기적인 성격을 지칭하는 말. 시간과 공간에서 발생하는 인과관계로 엮어진 실제 혹은 허구적 사건들의 연결을 의미하며 문학이나 연극, 영화와 같은 예술 텍스트에서는 이야기를 조직하고 전개하기 위해 동원되는 다양한 전략, 관습, 코드, 형식 등을 포괄하는 개념으로 쓰인다.
10. 인간과 사회, 자연, 세계에 대해 품는 현실적이며 이념적인 의식 형태. 이데올로기는 인간 존재의 기반이 되는 가치 체계를 형성하며, 인간 자신과 현실에 대한 인식을 형성하고 사회적인 조건에 대한 판단의 선택 체계로 작용한다. 이러한 의식이 사회적으로 공유되면 사회적 이데올로기가 되고 각 개인의 생활을 통하여 내면화하면 개인의 이데올로기가 형성된다.

구를 이용하여 미국의 이념을 퍼뜨리기에 바쁘다. 사람들은 미국이 생산한 영상 이미지의 시각적 단물을 소비하면서 제 무의식 속으로 트로이의 목마를 끌어들인다. 할리우드가 만들어낸 역사영화들을 보면서 은연중에 우리는 미국적 가치의 포로가 된다. 미국이 외국에서 사들이는 영화는 겨우 1%인 반면에 전 세계는 할리우드의 제작물로 홍수를 이룬다.

함께 토론해봅시다.

앞서 보았던 천만 영화 13편에서의 흥행전략들(스타시스템 활용, 광고 및 홍보, 배급 및 극장의 수직 합병, 영화법 등의 제도적인 문제들)을 찾아봅시다.
역사영화에서 역사왜곡을 찾아봅시다.
할리우드 영화에만 등장하는 편견이나 고정관념들이 있다면 무엇이 있는지 얘기해봅시다.

3. 다큐멘터리 톺아보기

2009년 봄에 전국에 ≪워낭소리≫라는 한 편의 다큐멘터리가 국내에서 290만 명의 관객을 동원하는 기염을 토했다. 수백 개의 멀티플렉스가 있어도 상영관을 잡기 힘들며 관객 1만 명만 동원해도 성공했다고 하는 국내 다큐멘터리 시장에서 말이다. 작품성도 뛰어난 ≪워낭소리≫의 대중적 성공은 다큐멘터리의 상업적 가능성을 보여주었다. 그러나 다큐멘터리의 시장성과 대중성에 대한 인식은 어제오늘의 이야기가 아니다. 국내에서 50만 관객을 동원한 BBC의 ≪지구≫나 MBC의 ≪북극의 눈물≫, KBS의 ≪차마고도≫나 ≪누들로드≫에서 보듯이 각국의 대형 방송사들이 작정하고 다큐를 기획하며 세계시장을 염두에 두고 제작하기도 한다. 미국의 블록버스터 다큐멘터리 감독 마이클 무어(Michael Moore)의 일련의 다큐 ≪볼링 포 콜럼바인≫, ≪화씨 911≫, ≪식코≫는 국내에서도 꽤 많은 관객을 확보한 바 있다. 히스토리채널이 쏟아내고 있는 다큐멘터리들은 또 어떤가? 교육현장에서는 책 못지않게 요긴한 수업교재와 자료로 다양한 주제의 다큐멘터리들이 사용된다. 물론 다큐의 대중성이나 시장성도 철저하게 기획하고 준비하고 또 잘 만들어야 확보될 것이다. 다큐멘터리 시장도 극영화 시장과 마찬가지로 블록버스터가 주류이고 '저예산'의 '독립', '다큐멘터리'가 일반 극장에서 관객들을 만날 수 있는 가능성은 '독립'영화보다도 낮다.

함께 토론해봅시다.

내가 본 다큐멘터리 중에서 인상 깊었던 것을 얘기해보고, 왜 그랬는지 내용과 소감을 간단히 나눠보자.

다큐멘터리는 객객관적일까?

그런데 드라마나 극영화 그리고 애니메이션은 당연한 허구적 구성물 즉 픽션(fiction)으로 인정되는 것과 달리 다큐멘터리는 흔히 논픽션(non-fiction)으로 분류된다. 완성도와 작품성이 높은 다큐멘터리일수록 그것이 발산하는 힘은 사실 곧 팩트(fact)를 팩트로 보여주는 능력, 즉 재현(representation)의 능력에서 나온다. 곧 다큐의 힘과 설득력은 기본적으로 그 텍스트가 지닌 정보의 객관성 내지 공정성에 달려있다. 그런데 더 객관적이란 건 무슨 말일까? 따지고 보면 '역사적 사실(historical fact)'에 입각해서 연구한다고 하는 역사가의 작업도 애초부터 주관적이다. 가설을 세운다는 연구의 전제부터 주관적이고 그런 전제에서 출발한 연구의 결과물 역시 역사에 대한 해석의 구성물, 곧 창작물인 것이다.

> 함께 토론해봅시다.
>
> 부산을 소재로 다큐멘터리를 만들려고 한다. 행복한 부산, 또는 불행한 부산이라는 단어 둘 중 하나를 선택한 후, 어디를 찍어야 할지, 누구를 찍어야 할지 선택하고 간단한 스토리보드를 짜보자. 그리고 '행복한'을 선택한 사람과 '불행한'을 선택한 사람들이 만든 영화가 어떻게 차이가 나게 될지 서로 이야기해보자.

인간은 "그 아비의 자식이라기보다 그 시대의 자식(마르크 블로크Marc Bloch)"이라서 인간의 역사 연구도 당대 사회의 모습을 이래저래 띠게 마련이다. 대중매체인 다큐멘터리는 역사가 한 명의 연구 성과물에 비해 그 대중성과 파급력이 데 클 수밖에 없다. 하긴 전문적인 역사 연구 분야에서도 객관성의 신화가 무너지고 있는 마당에 다큐멘터리가 어떻게 주관성, 즉 그 시대의 사회 정치적 성격에서 자유로울 수 있겠는가. 프로파간다(propaganda)[11] 영화들 가운데 다큐멘터리가 많은 이유도 다큐멘터리의 객관성을 보증하는 팩트라는 껍데기가 사실은 다큐멘터리의 비-객관성을 숨기는 가면으로 작용한다는 것을 말한다.

다큐멘터리 두 편을 피사체로 삼아 카메라를 줌−인하여 이 문제를 따져보기로 하자. 톺아볼 영화는 세계다큐멘터리 영화사에서 이견 없이 높은 작품성을 인정받았지만 객관성을 두고는 누구도 건드리거나 언급하기를 꺼려하는 뜨거운 감자, 바로 레니 리펜슈탈(Leni Riefenstahl)의 ≪의지의 승리≫와 ≪올림피아≫이다.

〈두 영화 이야기〉

2003년 9월 8일 레니 리펜슈탈이 무려 101세에 세상을 떴다. 리펜슈탈은 1930년대에 단 두 편의 영화로 단숨에 거장반열에 오르며 세계 다큐멘터리 영화사에서최고의 감독으로 부상한 입지전적인 인물이다. 그가 만든 두 편의 영화가 바로 ≪의지의 승리≫와 ≪올림피아≫이다. 먼저 ≪의지의 승리≫ 이야기를 해 보자. 이 영화는 1934년에 뉘른베르크에서 열린 독일 나치당의 전당대회를 기록한 기록영화이다. 이 영화에 대한 평가는 찬반 극단으로 갈리지만, 영화에 대한 악명과 명성 모두 이 영화가 지닌 뛰어난 예술적 기교에 아무도 이의를 달지 않는다. 어떤 평자는 이 영화가 '쇼로 만든 독일의 현실과 현실로 만든 독일의 쇼를 너무 절묘하게 혼합해서 정말 예리한 분석가가 아니고서는 잘 분간할 수 없다'고 했다. 리펜슈탈의 탁월한 영상 편집 능력은 게오르크 팝스트(Georg W. Pabst)[12]나 세르게이 에이젠슈테인(Sergei Eisenstein)[13]에 버금갈 정도였다.

당시 제3제국의 국민계몽선전부 장관이었던 요셉 괴벨스가 이 영화에 독일영화상을 주면서 이렇게 말했다고 한다. "이것은 총통에 대한 위대한 영화다. 그 어느 곳에서도 드러나지 않았던 총통의 힘이 이 영화에서 처음으로 생생하게 드러난다. 이 훌륭한

11. 선전 혹은 프로파간다(propaganda)는 일정한 의도를 갖고 세론을 조작하여 사람들의 판단이나 행동을 특정의 방향으로 이끌어 가는 것이다. 선전의 주체는 정부 · 혁명 여러 조직 · 노동자 · 시민 혹은 기업 등 정치적인 것으로부터 상업적인 것까지를 포함한다. 상업적 선전은 상품의 판매를 목적으로 하며 시민적 선전에는 교통안전이나 범죄 방지, 시민 단체의 운동 등에 관한 것이 있다. 정치적 선전은 직접 정치적인 문제에 대한 선전이었다. 신문 · 라디오 · 텔레비전 등의 발달에 의해 정치 선전의 대상은 확대되고 기술도 고도화되어 있다.

12. 게오르게 팝스트(Georg Wilhelm Pabst, 1885−1967) 오스트리아 출신의 영화감독으로 연극 일을 하다가 1923년에 영화감독으로 데뷔했다. 그의 영화는 인간성에 대한 깊은 통찰로서, 감동적이고 독창적인 인물, 특히 여성상 창조에 뛰어난 능력, 사회문제가 개인에게 미치는 영향 및 사회적 · 정치적 쟁점에 대한 끊임없는 관심, 유연한 장면전환과 동시에 각 장면에 의미를 부여하는 효과적인 편집 등이 특징이다. 만든 영화들로 ≪기쁨 없는 거리≫(1925), ≪잔 네의 사랑≫(1927), ≪판도라의 상자≫(1929), ≪사라진 소녀의 일기≫(1929) 등이 있다.

13. 세르게이 에이젠슈타인(Sergei Eisenstein, 1898−1948), 소련의 영화감독 · 영화 이론가이다. 러시아혁명 후에 무대 연출가가 되었다가 1923년 영화로 바꾸고 1925년에 ≪파업≫을 발표했다. 1926년에 나온 ≪전함 포템킨≫은 뛰어난 몽타주 수법과 혁명적 내용으로 러시아의 새로운 영화 예술을 알린 불후의 명작이다.

영화는 단순히 정치적 메시지로 가득 찬 영화가 될 위험을 능란하게 피하여 강력한 리듬감을 통해 정말 훌륭한 예술작품이 되었다. 이 영화는 강철 같은 신념을 가지고 열정적인 예술적 기교의 힘으로 활기차게 행진하는 한 편의 서사시다." 이 영화는 그 해 말에 이탈리아 베니스 비엔날레에서 금메달을 수상했고, 1937년 파리 박람회에서는 프랑스 정부로부터 그랑프리를 받았다.

그러나 1965년 9월 인터뷰에서 레니는 자기 작품에 선전물이 있다는 사실을 극구 부인했다. 자신의 작품은 시네마 베리테(cinéma vérité)[14]라며 영화 ≪의지의 승리≫는 연출된 장면이 하나도 없는 실제 사실이라고 주장했다. 이 영화에 해설이 따로 없는 것은 사실이다. ≪의지의 승리≫ 앞에는 이 영화가 1934년 제국전당대회 다큐멘터리 기록이며 총통의 명령에 따라 제작되었다는 사실과 감독의 이름이 자막으로 나온다. 인터뷰에서 보았듯이 해설과 따로 논평이 없으니까 객관적이고 사실적인 기록이라며 이 영화가 나치의 선전영화라는 혐의를 벗으려고 발버둥 친다. 하지만 독일뿐 아니라 여러 나라에서 극찬을 받던 당시에도 이 영화는 정치성으로 공격받았다. 비평가 수전 손택(Susan Sontag)에 따르면 "≪의지의 승리≫의 기록은 현시의 기록일 뿐 아니라 현실의 조작된 원인이기도 하고, 결국 현실을 대체하고 있는 것이기도 하다." 손택은 ≪의지의 승리≫ 자체가 이미 현실을 완전히 변질시켜 재현하여 역사는 무대가 되었고, 전당대회 자체가 영화의 제작에 적합하게 연출되었다고 주장한다.

한편 리펜슈탈은 1936년 베를린 올림픽 공식 기록영화인 ≪올림피아≫를 만들었다. 나치 시기의 제3제국이 공식 의뢰한 영화였지만 감독을 맡은 리펜슈탈은 당으로부터 재정적 지원을 받지 않았으며 당이 부추겨서 만든 것도 아니라고 주장해왔다. 그는 일을 의뢰한 것은 국제 올림픽위원회였다고 했다. 그는 "심지어 괴벨스 박사는 이 계획을 탐탁지 않게 여겼다"고 까지 말하고 있지만, 국민계몽선전부는 영화신용은행과 별도로 제국 재정에서 대출을 받을 수 있게 해주었다. 실제로 나치당의 기관지가 1935년 12월에 이미 괴벨스 박사가 리펜슈탈 양에게 올림픽 다큐멘터리를 맡겼다고 발표했다. 또한 실

---

14. 영화의 사실성을 더 강조하는 사실주의적 경향을 모두 칭하는 용어이다. 더 좁은 의미로는 1950년에서 1970년 사이에 나타난 기록영화의 경향을 보이는 영화를 일컫는다. 시네마 베리테는 연출되지 않으며 드라마가 없고 내러티브 지향적이지 않은 영화이다. 엘리트가 아닌 평범한 사람들의 진술을 통해 다양한 역사를 보여줌으로써 제도화한 역사에 대안적인 관점을 내놓는다. 이런 면에서 시네마 베리테는 정치적인 영화라고 말할 수 있다.

제 영화를 제작하기 위해 맺은 계약서를 보면, "레니는 독일 뉴스 영화 촬영기사들이 찍은 필름을 전부 마음대로 사용할 수 있었다. 레니는 카메라 위치를 할당하고 무엇을 찍을지 결정했으며 '뉴스 영화 회사들'은 자신들이 찍은 자료라 하더라도 뉴스에 딱 한 번밖에 사용하지 못하고 그 필름을 리펜슈탈에게 보내야 했다. 요컨대 리펜슈탈이 올림픽 다큐멘터리 촬영에서 엄청난 특권을 누렸던 것이다.

정식 경기가 끝난 후 다큐멘터리를 위해서 경기를 재연하는 경우가 많았는데, 이러한 재연 연기가 리펜슈탈 다큐멘터리의 특징이었다. 일요일 오후에 정식경기가 시작되었기 때문에 레니는 일요일 아침 일찍부터 올림픽 선수촌으로 찾아가 지난주에 결승에 올라간 선수들을 불러 모아 경기장에서 클로즈업을 찍거나 경기 장면을 다시 찍었다. 올림픽은 8월 16일에 막을 내렸다. 하지만 레니는 8월 말까지 촬영기사들과 함께 일을 계속했으며, 9월에는 해머던지기 클로즈업을 찍었다. 프롤로그 부분을 보완하여 찍은 후 9월 말이 되어서야 편집에 착수했다.

레니가 ≪올림피아≫를 위해 확보한 필름은 무려 400킬로미터에 육박했다. 필름이 많았기도 했지만 구성상의 이유로 레니는 영화를 2부로 만들기로 결정했다. 주요 트랙 경기와 필드 경기는 합쳐서 1부에 넣고, 10종 경기는 2부에 넣었다. 올림픽이 끝난 이듬해에야 1부 ≪민족의 제전≫이 완성되었고 2부 ≪미의 제전≫은 1938년 2월 말에야 완성했다. 편집하는 데만 무려 18개월이 걸렸다. 이 영화는 1938년 히틀러의 생일에 맞춰 공개되었고, 히틀러는 특별손님으로 참가했다. 첫 상영을 성공적으로 마친 ≪올림피아≫는 1938년 제국영화상을 수상했다. ≪올림피아≫는 베니스 비엔날레에서 '전 세계 최고의 영화'라는 평가를 받으며 국제 그랑프리(무솔리니 컵)를 차지했고, 그 외 다른 영화제와 해외에서도 높은 평가를 받았다.

훗날 리펜슈탈은 자신이 나치당에 가입한 적이 없고 예술 활동이나 저술활동에서 정치적 견해를 피력한 적도 없다고 피력했다. 또 어떤 관직이나 명예직에도 종사한 적이 없으며 히틀러나 제3제국으로부터 그 어떤 금전적 이익을 얻은 적도 없고 무엇보다도 총통과 밀접한 관계를 맺은 적이 없다고 강조했다. 이런 주장은 앞서 살펴보았듯이 곧이곧대로 믿기 힘들다. 그럼에도 이런 논란의 가장 큰 원인 제공자는 물론 리펜슈탈이다. 그녀의 영화에 대한 천부적인 재능이 없었다면 영화의 수용을 둘러싸고 그렇게 첨예한 논란을 끊임없이 불러일으키지는 않았을 것이기 때문이다. "어쨌든 ≪의지의 승리≫와 ≪올림피아≫는 한 시대를 묘사한 가치 있는 기록"이라는 것이다.

논픽션은 없다

대개 다큐멘터리란 논픽션 영화라고 생각한다. 하지만 영화 용어상 다큐멘터리는 논픽션 영화의 여러 가지 형식 중 하나다. 다큐멘터리라는 용어 자체도 "사실을 창조적으로 다룬 작품"이라는 뜻으로 만들어낸 용어다. 다큐멘터리에서도 극적인 '재구성'이 어느 정도 용인되고, 재구성이 주제의 이해를 돕는 역할을 한다. 논픽션 영화는 극적 효과에 인색한 게 일반적으로 보이지만, 반대로 픽션도 최소한 주요 인물의 리얼리티를 받아들이도록 관객을 설득해야 한다. 그러므로 다큐멘터리와 픽션의 경계가 존재한다고 하더라도 그 경계는 매우 모호하다. 게다가 모든 영화는 편집을 거쳐 그것을 만든 사람의 비전을 통해 걸러진다. 같은 것도 보는 사람에 따라 달라지는 것과 마찬가지다. 어쩌면 논픽션 영화란 아예 존재하지 않거나 그 어떤 예술 형식에서도 논픽션은 존재할 수 없다는 주장이 차라리 옳을지도 모른다.

레니는 이후 일관되게 자신의 영화에서 비정치성을 주장했다. 또 그때 공산당이 집권을 했다면 레니는 기꺼이 공산당을 위한 선전영화를 만들었을 것이기 때문에 나치 영화를 만들었다고 해서 그를 비난할 수 없다는 주장도 있긴 하다. 그러나 이런 주장

함께 토론해봅시다.
과연 레니는 몰랐을까? 아래 레니의 말을 읽고 이야기해보자.

"총통은 영화의 중요성을 알고 있었다. '영화에는 사건을 기록하고 해설하는 기능이 내재되어 있다'는 사실을 이처럼 미리 내다본 국가가 세계 어디에 또 있었는가? 총통이 영화의 제작을 이만큼 중요시한 것은 이 예술 형식이 지닌 잠재력을 예견하고 있었다는 증거가 된다. 다큐멘터리에 대해서는 이미 잘 알려져 있었고, 정부가 영화 제작자에게 의뢰해 오기도 하고 정당에서도 자기들의 목적을 위해 영화를 이용한 일은 많이 있었다. 그러나 영화가 진실로 국민의 마음을 흔들어 놓으리라는 신념, 이 신념은 독일에서 시작된 것이다."

이야말로 사후의 상황에 끼워 맞춘 매우 무책임하고 정치적인 주장이다.

2002년 공개된 영화, 역시 따로 해설이 들어있지 않은 영화 ≪신비로운 바다여행≫에서도 무려 100세에 가까운 레니는 이렇게 말하고 있다. "전 이 프로그램을 시청하시기 전에 몇 가지를 말씀드리고자 합니다.……이 프로그램에는 어떤 해설도 넣지 않았습니다. 환상적인 이미지는 그 어떤 말보다도 강한 메시지를 전해주기 때문이죠.……이 프로그램을 제작한 저의 바람이 있다면 수중세계가 파괴되는 것을 하루 빨리 막아내지 않을 때 우리가 잃어버리는 것이 뭔지 사람들에게 알려주는 것입니다. 우린 행동해야 합니다. 당장 실천하는 것만이 다음세대에게 이 독특한 아름다움을 전해줄 수 있는 길이 될 것입니다." 곧 예술적이든 비예술적이든 모든 표현에는 그 양식이나 장르가 무엇이든, 논픽션이건 픽션이건 팩션이건 메시지가 있다는 말이다. 특히나 엄청난 자본과 많은 인력 대중소비를 생명으로 하는 대중매체인 영화에서 이 문제를 질문한다는 것 자체가 사족이다.

함께 토론해봅시다.

내가 본 영화의 메시지를 찾아보고, 그 메시지에 부합하는 장면 하나를 생각해보자.
그 장면이 왜 영화가 전달하려는 메시지에 부합하는 것일까?

4. 미디어는 마사지? 노! 메시지!

1990년대를 거치면서 세계화(globalization)는 우리 사회의 화두가 되었다. 경제적인 면에서 세계화는 국경을 넘는 교역과 투자, 교류가 확대되면서 국가 간의 상호의존성이 커지고 다자간의 협의, 조정, 협력이 강화되는 현상을 뜻한다. 물론 이러한 경제 세계화를 주도하는 주체는 초국적 기업이다. 하지만 무엇보다 우리가 일상에서 피부에 와 닿는 세계화의 현상은 문화적인 것이다. 뉴스, 영화, TV, 음악, 광고, 컴퓨터 소프트웨어 등 다양한 문화상품들이 세계화된 시장에서 판매되고 있고, 그와 함께 문화상품의 선진국들이 가진 생활양식과 문화적 취향이 전 세계로 확산되고 있다.

전 세계를 하나의 시장으로 만들고 이를 지배하고자 하는 선진자본주의 국가의 초국가적 산업 가운데 특히 대중문화와 관련해 세계화의 가장 중요한 추동력은 초국가적인 거대 미디어 산업들이다. 대표적인 초국가적 미디어 그룹으로 타임워너, 월트 디즈니, 뉴스코퍼레이션을 들 수 있다. 이들 그룹은 케이블 네트워크, 영화, 음악, 애니메이션, 테마 파크에 신문과 잡지 서적 등 출판 분야까지 망라하며 세계 미디어 시장을 재편하고 있다. 오늘날 세계경제에서 미국이 차지하는 패권적 지위로 짐작할 수 있듯이, 세계영화시장은 최강의 자본력과 인력, 기술력을 보유하고 있는 할리우드에 합병되거나 종속되었다. 현재 세계 영화시장은 철저하게 할리우드의 식민지가 되었고, 한국도 그리 예외라고 할 수 없는 처지에 있다. 그런 까닭에 우리는 그리스의 역사를, 로마의 역사를, 중세 유럽의 역사를, 1차 세계대전과 2차 세계대전의 역사를, 심지어 아프리카와 아시아의 역사를 할리우드 시장이 만들어낸 영화를 통해 알게 되는 모순이 발생하고 있는 것이다.

그래서 우리는 막강한 흡인력을 자랑하는 대중문화인 영화를 접할 때, 그것이 역사적 사건이나 실존 인물을 소재나 주제로 한 역사영화일 경우에도, 또 팩트에 기반을

둔 사실의 기록을 내세우는 다큐멘터리를 볼 때도, 영화 텍스트라는 빙산의 수면 위만 보면 안 된다. 한국영화이건 할리우드를 비롯한 세계 어느 나라의 영화이건 역사영화 역시 제작·배급·상영을 둘러싸고 다양한 힘 관계가 작용하고 있으며, 문화산업으로서 경제적인 이해관계와 밀접하다는 사실, 그리하여 대량소비를 필수불가결한 전제조건인 영화는 "투박한 사실을 팔기 좋은 사실로 상품화한다." 따라서 영화는 당대 관객들의 무의식적인 욕망을 반영하고 소비심리를 자극하는 국카스텐임을 잊지 말아야 할 것이다.

함께 토론해봅시다.

옆 그림을 보고, 자유롭게 말해보자.
영화는 메시지일까? 마사지일까?

끝으로 영화라는 매체를 제대로 즐기기 위한 스킬을 정리하자면 다음과 같다.

첫째, 영화는 무엇보다 상품이다.

둘째, 문화상품은 생산에서 경제논리와 사회적 영향을 통제하는 정치 논리가 작용한다.

셋째, 영화 상품을 제작하는 데는 자본을 쥔 자가 '갑'이다. 아카데미 작품상은 제작사가 받는다.

넷째, 대중문화는 대중민주주의 시대에 정치적으로도 중요하다. 그래서 옛 소련, 나치제국, 제3세계의 정치지도자들은 하나같이 영화산업을 통제하려고 시도했다.

『미디어의 이해』의 저자이자 문화비평가인 마셜 맥루헌(Marshall McLuhan)은 영화가 "거짓된 모습들로 가득 찬 유령의 도시"라고 했다. 천문학적 제작비를 들여 만들어진 할리우드 역사영화는 웅장하고 스타배우의 연기는 환상적이다. 컴퓨터그래픽 등을 활용한 현란한 영상기술과 정의와 착한 사람이 반드시 승리한다는 해피엔딩은 감동적이기까지 하다. 그러나 그 모든 것들이, 위에서 살펴보았듯이, 우리의 정신을 무력화하는 '소리 없는 프로파간다'일 지도 모른다.

공감의 민주주의

김동규

1. 어지러운 말, 말, 말

한국에는 여러 가지 이유로 민주주의와 관련된 말이 어지러워. 예를 들자면 민주주의를 산업화와 대립시킨다든지, 민주주의의 반대말로 공산주의를 언급하는 일들이 흔한데, 사실 이 말들은 서로 대립할 수 없는 말이거든. 간단히 민주주의라는 말의 '민주'의 의미만을 생각해도 그래. 민주주의에서 '민주'는 무엇을 뜻하는 것일까? 민(民)이 주인(主人)이 된다는 뜻 아니겠어? 그렇다면 민주주의의 반대말은 산업화일까? 공산주의일까? 산업화의 반대말은 아마 반산업화정도겠지. 그리고 공산주의의 반대말은 자본주의일 테고. 그렇다면 어쩌다가 우리는 말을 이렇게 어지럽게 쓰게 되었을까? 말도 안 되는 반대말을 만들어냈을까? 누가, 왜 그랬을까?

일부 정치적 보수세력이 즐겨 쓰는 저 대립을 최근 일베 이용자들도 즐겨 쓰고 있던데, 그렇다면 산업화에도 반대하고, 공산주의에도 반대하는 민주주의는 도대체 어떤 이미지로 떠오를 수 있을까? 그림이 잘 떠오르지 않는다면, 반대로 생각해보는 것도 좋겠어. 민주주의에 반대하는 보수세력의 정신은 뚜렷이 드러날 것 같거든. 예컨대 산업화를 추진하면서도 민주주의를 반대하고, 이 산업화를 자본주의에 튼튼히 뿌리내리게 한다는. 이런 그림 말이야. 그렇다면 보수세력은 노동자와 시민의 권리보다는 기득권의 권력을 우선시 하면서 산업자본주의를 추구하겠다는 결과가 나오지.

최근 수저계급론(금수저, 은수저, 흙수저)과 나상욱 교육부 정책기획관의 개, 돼지 발언의 맥락을 생각하면, 민주주의라는 말을 쓰는 것은 그들에게는 상당히 불편한 일이 돼. 왜냐하면 민주주의에서 민(民)이란 한 사람을 가리키는 말이 아니거든. 근데 흙수저로 태어나고, 개나 돼지 같은 그 민(民)이 권리를 그리고 주권을 가지는(민주民主) 정치를 정작 좋아할 리 있겠어? 이런 상황은 겉으로는 민주주의를 이야기하지만, 속으로는 반민주주의를 옹호하겠지?

함께 토론해봅시다.

그렇다면 이제 민주주의의 반대말로 무얼 생각할 수 있을까?
그리고 민주주의 하면 생각나는 단어들을 말해볼까?

2. 감정과 민주주의

민주주의와 감정이라니. 이해가 되니? 앞에서 토론할 때 민주주의하면 생각나는 말에 '감정'과 관련된 말이 있었어? 혹시 있었다면 체크해보고, 없었다면 민주주의 하면 어떤 감수성과 감정을 가져야 할 것인지 같이 생각해보면 어떨까?

함께 토론해봅시다.

민주주의를 위해 중요한 감정은 어떤 것이 있을까?

〈사진으로 보는 공감 민주주의〉

4.19

↑ ↓ 10.16 부마민주항쟁

서울의 봄

5.18 전남도청 앞 시민회

광우병소고기 수입반대 촛불집회

효순이 미선이 추모 촛불집회

세월호 추모집회

↑ 박근혜퇴진 서울집회 →

↑ 박근혜 퇴진 부산 서면집회 →

함께 토론해봅시다.

사진을 모두 보고 드는 생각들을 서로 나누면서 공통의 감정들은 어떤 것이었을지
생각해보자.

3. 민주의 시간 : 부마와 광주의 공감대

이 책에서는 민주주의의 역사에 대해 엄밀히 배우기보다는 민주주의의 시간에 대한 공감을 형성하는 것이 목표야. 이제 79년 10월에 발생한 부산과 마산의 민주주의 운동과 80년 5월에 발생한 광주의 민주주의 운동 그리고 사이에서 이 두 운동을 이어주었던 서울의 봄을 살펴볼 거야. 그리고 그 이전과 그 이후 일어났던 공감의 민주주의에 대해서 간단히 살펴보게 될 거야.

여기서는 다양한 학자들의 언급을 '인용'해서 배치할 건데, 이를 통해 우리는 그 사람들의 이야기를 듣고 민주주의가 제공하는 감수성과 시민의 감수성이 보이는 활력을 공감하게 될 거야. 구체적인 역사에 대한 공부는 이후 각자가 한 번 파고들어보는 것도 좋겠어.

〈부산과 마산을 넘어〉

사실 부산대는 박정희의 유신체제에 저항하지도 못하고, 유신체제를 옹호하는 등으로 유신대학교라는 오명을 쓰고 있었어. 실제로 부산대학생들의 자존심이 많이 상했던 것 같아. 마산도 마찬가지였고 말야. 이처럼 주관적인 이유 말고도, 당시 유신체제의 모순에 대해 인식한 시민들과, 부산과 마산 지역에 두터운 저임금노동자층의 불만이 팽배했다는 객관적 조건이 부산과 마산에서 일어난 저항운동의 기초가 되고 여기에 부산의 시민이 점점 가세하는 형식이었어.(홍순권 26쪽 참고.) 부마사태는 실제로 광주처럼 거대한 위협에 처할 뻔 했던 것 같아. 박정희를 사살했던 김재규의 「항소이유보충서」의 내용을 한번 볼까.

"부마사태는 그 진상이 일반 국민에게는 잘 알려지지 않지만 굉장한 것이었습니다. 본인이 확인한 바로는 불순세력이나 정치세력의 배후 조종이나 사주로 일어난 것이 아니라 순수한 일반 시민에 의한 민중봉기로서 시민이 데모대원에게 음료수와 맥주를 날라다 주고 피신처를 제공하는 등 데모하는 사람과 시민이 완전히 의기투합하여 한 덩어리가 되어 있었고, 수십 대의 경찰차와 수십 개소의 파출소를 파괴하였을 정도로 심각한 것이었습니다. 본인이 부산에 다녀오면서 바로 박대통령에게 보고를 드린 일이 있습니다. 김계원, 차지철 실장이 동석하여 저녁식사를 막 끝낸 식당에서였습니다. 부산 사태는 체제저항과 정책 불신 및 물가고에 대한 반발에 조세저항까지 겹친 민란이라는 것과 전국 5대 도시로 확산될 것이라는 것 및 따라서 정부로서는 근본적인 대책을 강구하지 않으면 안 되겠더라는 것 등 본인이 직접 시찰하고 판단한 대로 솔직하게 보고를 드렸음은 물론입니다. 그랬더니 박대통령은 버럭 화를 내더니 앞으로 '부산 같은 사태가 생기면 이제는 내가 직접 발포명령을 내리겠다. 자유당 때는 최인규나 곽영주가 발포명령을 하여 사형을 당하였지 만 내가 직접 발포명령을 하면 대통령인 나를 누가 사형하겠느냐'고 역정을 내셨고, 같은 자리에 있던 차실장은 이 말 끝에 '캄보디아에서는 300만 명을 죽이고도 까딱없었는데 우리도 데모대원 1, 2백만 명 정도 죽인다고 까딱있겠습니까' 하는 무시무시한 말들을 함부로 하는 것이었습니다. 그런데 박대통령의 이와 같은 반응은 절대로 말 만에 그치는 것 이 아니라는 것이 본인의 판단이었습니다. 박대통령은 누구보다도 본인이 잘 압니다. (⋯) 이승만 대통령과 여러 모로 비교도 하여 보았지만 박대통령은 이박사와는 달라서 물러설 줄을 모르고 어떠한 저항이 있더라도 기필코 방어해내고 말 분입니다. 4 · 19와 같은 사태가 오면 국민과 정부 사이에 치열한 공방전이 벌어질 것은 분명하고 그렇게 되면 얼마나 많은 국민이 희생될 것인지 상상하기에 어렵지 아니한 일이었습니다. 그런데 4 · 19와 같은 사태는 눈앞에 다가왔고 아니 부산에게 이미 4 · 19와 같은 사태는 벌어지고 있었습니다.⋯⋯"

그 외에서도 이강성의 부마사태와 「5.18광주사태」를 보면, 시민들의 호응과 군인의 폭력적 진압에 대한 증언이 등장해.

"쫓기는 학생들은 동네 슈퍼로, 혹은 다방으로, 당구장으로 심지어는 워낙 다급한 나머지 안이 훤히 들여다보이는 거리의 공중 전화박스로도 몸을 숨겼다. 하지만 우리는 그 이전 의 공수부대나 일반 육군 계엄군과는 근본적으로 달랐다. 누가 시키지도 않았는데 1대 1로 끈질긴 추적 작전을 시작한 것이다. 순식간에 어느 쪽이 데모하는 학생이고 어느 쪽이 진압군인지, 엉망진창으로 뒤엉킨 상황이 벌어졌다. 이와 같이 1대 1로 추적하는 데모 진 압은 진압 사상 전후무후 했다. 지휘관의 지시에 의한 것이 아닌 병사들 각각의 자발적인 의지로 일어난 행동이었으며 마치 동네 건달들의 패싸움 같은 마구잡이식의 난투극이었 다. 혈기 왕성한 해병대들이 개개인을 상대로 죽기살기로 맞서 싸우는데 숫자가 아무리 많더라도 겁 많은 민간인인 대학생들이 당해낼 재간이 어디 있겠는가. (…) 딱 한 번 그런 소동이 일어난 이후로 극렬한 시위의 본고장이며 저 유명한 부마사태로 악명을 떨치던 부 산과 마산은 너무나 조용했다. 학생들 사이에선 데모하다 걸리면 해병대 계엄군에게 맞아 죽는다는 인식을 갖게 되었고 그 소문은 순식간에 대학생들 사이에 퍼졌나갔다. 무엇보다 1대 1로 죽기살기로 끝까지 추적하는 계엄군이 무서웠던 것이다. 체포하는 것이 목적이 아니고 맞붙어 싸우며 안 죽을 만큼 패 닦는 것이 목적인 계엄군은 대학생들에게 엄청난 공포감을 심어 주었던 것이다. 데모하던 학생들이 말하기를 [에고! 해병대 놈들은 사람 새 끼도 아녀! 완전히 미친 놈들이라구. 상대하면 절대로 안 돼] 라는 소문을 들을 수 있었 다."

공수부대의 특징

부마항쟁 당시 특전사령관이었던 정병주에 따르면, 공수부대의 특징은 다음과 같다. 공수부대는 경량화되어 기동성이 좋은 부대이다. 공수부대는 미군의 작전통제권을 벗어난 최초의 부대였고, 심지어 특정지역을 담당하는 부대가 아니어서 이동성도 자유로웠다. 그래서 공수부대는 폭동진압이나 쿠데타에 자주 이용될 수 있었다.

사실 부마항쟁은 5.18광주민중항쟁에 비하면 너무 쉽게 잊힌 운동이긴 해. 왜냐하면, 두 사건을 비교하면 규모면에서 부산과 마산의 항쟁이 작은 편이었고, 역사적 순서도 더 빠른 편이라 뒤 사건에 의해 잊힌 측면도 있어. 그리고 부마의 저항이 공수부대에 의해 어느 정도 진압되면서 동시에 김재규가 쏜 총탄에 박정희가 사살되면서 유신체제도 붕괴되는 바람에 더 이상 저항을 진행할 수 있는 상황이 되지 못했다는 점도 있지. 어떤 사람은 지역 민주시민운동세력의 역량도 미흡했다고 지적해 이어서 1987년 민주화 이후 지역주의 정당정치가 행해지고, 90년대 3당이 합당하면서 부산과 마산의 지역 운동이 지식인, 학생, 시민, 기층 민중 등이 어울러질 수 있는 기회를 얻지 못하면서 나름의 돌파구를 찾지 못했다고도 해.(홍순권, 34쪽 참고.)

그럼에도 부마항쟁은 '민주화'를 한국사회가 성취해야 할 목표로 재설정하는 데 기여했고, 그 가운데 억압받던 민중이 일어설 때 일종의 '해방'을 경험할 수 있다는 것을 알려주었어. 이러한 해방감은 5.18 광주 민중항쟁에서 다시 경험하게 돼.

유신 18년의 억압 속에서 폭발한 것으로 벅찬 감동과 해방감으로 스스럼없이 나서게 만든 것 같습니다. 전경은 길에서 왔다갔다 하는 수준이었고 시위대는 시민들의 열렬한 지지를 받으면서 시위를 했습니다. 시위를 하다 다방에 쫓겨 들어가면 차를 거저 주고 경찰이 오면 물을 뿌리는 등 시민들은 시위대를 보호해주었습니다. 그리고 7-8시경이 되자 고등학생, 퇴근하던 노동자, 국제시장을 둘러싼 주거민 등 자발적 참여자가 늘어갔고 시청 앞에서 충무동은 해방공간이 돼 시위대는 대로로 집결했고 경찰은 공세를 취하지 못하고 퇴각했습니다.(참여자 증언 중에서 : 부마민중항쟁 10주년 기념자료집, 122)

긴장하면서 우리 대열이 시내 중심가로 나갔을 때 저쪽 맞은 편에서 또 한 무리의 데모대가 이쪽으로 오고 있었다. 이때 우리는 서로 환호하면서 용기백배해서 거대한 대열을 이루었는데 이시점이 아마 10.18 시내 데모대의 근간을 형성하면서 대원들도 학생 위주에서 공원등 범시민적으로 변해갔던 것 같다. 어두워지면서 데모대는 점점 늘어나 선두와 끝이 보이지 않았다. 이때쯤 여학생들은 돌을 주워 날랐고 바가지에 물을 떠다 주는 사람, 빵을 내주는 상인 등 시민들이 적극적으로 동참했으며 경찰과는 몇 번 밀고 밀리기를 했으나 시간이 갈수록 싸움이 되지 않았다.(참여자 증언 중에서 : 부마민중항쟁 10주년 기념자료집, 195)

이러한 부마항쟁의 힘 덕분에 전두환이 부당하게 정권을 탈취했을 때조차, 민주화에 대한 시민의 요구를 무시할 수 없는 상황이 만들어졌어. 그래서 전두환이 군부를 장악하고 있었음에도, 시민을 함부로 억압할 수 없었지. 덕분에 1980년 봄 서울은 민주주의에 대한 요구와 토론이 자유롭게 흘러넘칠 수 있었어. 이런 일을 생각하면 만일 부마항쟁 없이 10.26(박정희 사살사건)이 있었다면, 이전의 권위주의적 체계가 그대로 복구되었을지도 몰라. 그렇다면 부마항쟁–서울의 봄–광주항쟁은 권위적 군사정권을 들어섰음에도, 그 정권에 브레이크를 거는 효과를 낸 거지. 이 브레이크 효과는 제5공화국 종료 이후 정치적 민주화로 좀 더 가까이가게 된 동력이 되었어.(조정관, 82–83쪽 참고.)

나간채(사회학, 전남대 명예교수)는 부마항쟁을 이렇게 회고 하고 있어. "우리가 부마항쟁을 되돌아보는 다른 이유는 …… 다치고 상처받은 사람들의 아픔이 지금 우리 영혼을 적시고 있기 때문이다. 거칠게 소용돌이치는 이 탁류 속에 …… 시민을 절망하게 만드는 척박한 정치사회와 신명의 힘을 잃은 운동사회가 다시 부마항쟁을 부르고 있다는 것이다."(나간채, 2쪽.)

〈서울의 봄을 거쳐〉

부마항쟁과 광주518민주화운동을 잇는 매개가 서울의 봄이었대. 부마항쟁 이후 10월 26일 박정희가 김재규의 총탄에 죽고 난 뒤, 이 어수선한 분위기를 전두환이 12.12 군사반란으로 탈취하여 신군부로 헌정질서를 다시 유린하게 돼. 이에 시민들이 반감을 품고 80년 5월 17일까지 저항하던 기간을 서울의 봄이라고 해. 실제로 서울대, 경북대, 영남대, 외국어대, 숭전대, 계명대 등으로 저항의 기운이 번지게 되었지. 한홍구(역사, 성공회대 교수)는 서울의 봄에 대해 이렇게 말하고 있어. "서울의 봄은 부산에서 시작되어 서울에서 불안한 꽃을 피우고 광주에서 처절하게 마무리 되었다."(한홍구, 6쪽)

1980년 4월 19일 서울대 총학생회는 4.19혁명 20주기 선언문에서 10월 부마항쟁을 직접 거론했고, 그 이후 다양한 연세대 성균관대 등 다양한 학교의 시국선언에서 부마민주항쟁이 거론되고 있어. 이는 서울의 봄과 부마항쟁이 내적 연계성을 갖고 있다는 증거야. 실제로 부산과 서울이 이미 교류하고 있었고, 서울과 광주 역시도 교류가 있었지.(나간채, 6쪽.)

신군부는 12.12군사반란으로 권력을 탈취한 후 시위와 폭동을 진압하는 충정훈련을 대폭강화했대. 심지어 정당성을 가진 권력도 아니었기에 시민의 저항을 진압할 만한 명분도 상당히 필요했던 것 같아. 당시에 그래서 북한이 남침할 것이라는 소문을 퍼뜨리기도 했지. 광주사람들이 폭도나 빨갱이로 비유되어 잔인하게 진압되었던 것도 신군부 구테타의 명분을 쌓기 위한 희생양이었다고 해.(한홍구, 12-13쪽, 정해구 270쪽.)

그런데 이 충정훈련의 강도가 점점 거세졌는데, 부마사태를 폭력적으로 진압했다는 데 대해 공수부대가 거대한 자부심을 갖고 있었고, 이런 자부심을 정신교육의 내용으로 삼아서 심지어 폭력적이고 과격한 시민진압을 영웅시하는 분위기까지 형성되었다고 해. 심지어 국방부 과거사위 보고서(381-382쪽)에는 이러한 인식이 결국 공수부대원들로 하여금 시민을 향한 과격진압을 부추기게 했다고 해.(한홍구, 17-18쪽)

함께 공감해봅시다.

저항에 대한 공감과 진압에 대한 공감이 서로 맞서고 있는 상황인데, 우리는 여기서 무엇에 대한 저항감인지, 무엇에 대한 진압인지를 다시 한 번 공감해보고 자신의 감정을 서로 나누면 좋겠어.

〈광주로 그리고 그 너머로〉

이러한 진압은 부산에서도 무자비했지만, 광주에 비해 임계점을 넘을 정도는 아니었대. 한홍구는 이를 이렇게 표현했어. "신군부와 공수부대는 부마항쟁 진압의 '성과'에 도취되어 광주에서는 시위가 발발하자마자 보다 강력하게 진압에 나섰다. 결과는 신군부의 예상과는 반대였다. 광주에서는 공수부대의 무자비한 만행이 대학생과 일부 시민들의 소규모 시위대를 거대한 민중항쟁으로 바꾸어 놓은 결정적인 요인이 되었다."(한홍구, 19쪽.)

사실 부산과 마산에서 행해진 시위는 꽤 격렬해서 파출소가 파괴되고 방화되었고, 세무서가 습격되기도 했고, 공화당사가 습격당했으며, 언론사도 습격되었어. 이러한 위법행위에 공수부대가 투입되어 진압이 이루어졌던 반면, 광주는 상황이 달랐어. 시민들은 파출소를 먼저 습격하지도, 세무서를 습격하지도, 언론사에 불을 지르지도 않았거든. 단지 구호를 조금 외쳤을 뿐인데, 공수부대는 강경진압을 했던 거지. 시민들이 공수부대에 맞서기 시작한 것은 이들의 진압을 겪은 후인 19일 저녁부터라고 해.(한홍구, 21-22쪽 참고.)

군대에 대한 이미지 변화

제주 4.3사건 당시 김익렬 연대장이 이끄는 군이 보인 태도는 서북청년단과 같은 우익단체나 친일파들이 주도권을 장악한 경찰의 태도와는 확연히 달랐다. 사실 아이들이 탱크 위에 올라타서 활짝 웃고 있는 사진이 있을 만큼 시민들이 군에 보인 태도는 친화적인 것이었다. 이때도 물론 시민들을 빨갱이로 간주하는 일이 있었음에도 말이다. 그런데 부산과 마산에서 시민을 지켜야할 군대가 시민을 두들겨 패는 일이 벌어졌고, 이윽고 광주에서는 시민들을 무참히 사살하는 일이 벌어졌다.

군인들이 이렇게 잔인하게 부산과 마산 그리고 광주를 진압했음에도 부마에서 광주로 이어지는 시기, 시민이 열었던 가능성은 실로 대단했던 것 같아. 한홍구는 그 시기를 이렇게 표현해. "1979년 10월부터 1980년 5월까지의 기간은 한국 현대사에서 해방직후의 3년, 4월혁명 직후의 1년과 더불어 드물게 찾아온 열린 공간이었다. 그 7개월은 유신체제를 지탱해온 긴급조치가 해제되고, 옥문이 열리고, 말의 자유가 회복되고, 학생회가 조직되고, 변화의 기대감을 가슴에 품게 된 그런 기간이었다."(한홍구, 21쪽)

십지어 나간채(사회학, 전남대 명예교수)는 광주민주화운동이 80년 5월 27일에 끝난 것이 아니라면서 이렇게 언급하고 있어. "광주항쟁이 1980년 5월 27일에 끝난 것이 아니라 그 이후에도 지속되었다는 것이다. …… 그 이후에도 시내 도처에서, 그리고 시 외곽에서는 접전이 계속되었고, 이와 아울러 체포되어 구속된 활동가들은 영창에서 항명과 단식농성 등의 집합적 저항이 이어졌다는 데 있다. 더 나아가서 …… 5월 27일을 전환점으로 하여 광주라는 공간적 범위를 벗어나 서울을 포함하는 전국적인 저항운동으로 확장되었다. …… 서강대 학생 김의기는 …… 광주항쟁을 애도하며 투신 자결했고, 노동자 김종태는 …… 같은 이유로 신촌에서 분신자살을 결행했다. 1980년 …… 광주 미국문화원방화사건에 뒤 이어 …… 부산 미문화원방화사건 …… 대구 미문화원폭발사건 …… 서울 미문화원점거사건은 광주항쟁의 연속이었다. 저항의 물결은 더욱 거세져서 해마다 광주항쟁을 추모하고 기념하는 5월행사가 전 국민적 참여 속에 계속되었다."(나간채, 4쪽.)

함께 공감하고 생각해봅시다.

부마항쟁과 광주항쟁에서 지역감정을 조장하여 시민적 공감(공분)을 방해한 적이 있었다고 해. 부마항쟁 때 '전라도 군인이 와서 경상도 사람 다 죽인다.'는 헛소문이 돌았고, 광주항쟁 때 '경상도 군인이 와서 전라도 사람 씨를 말린다'는 말이 유포되었다고 해. 이렇게 지역감정으로 시민들을 갈라놓으려는 시도는 누구에게 이익이 되며, 누가 유포했을까? 그런데 최근 지역감정이 다른 방식으로 되살아나고 있어. 너희들도 이런 감정, 이런 언어를 경험해보거나 들어본 적 있어?
있다면 사례를 들어보고, 우리가 배웠던 다양한 수업들을 생각해보면서 이런 차별에 공감해서는 안 되는 이유들을 서로 이야기해보면 좋겠어.

함께 공감하고 생각해봅시다.

이 글들을 가만히 살펴보면, 정작 시민들은 서로에게 이기적으로 반목하는 짐승이라기보다는 무너진 질서를 스스로 회복할 줄 아는 힘을 가지고 있는 듯해. 정부가 없어도 스스로 질서를 만드는 힘들을 가진 사람들의 사례를 보면서 인간에 대한 기본적인 불신과 부정적 시각을 어떻게 균형 있게 바라볼 수 있을지도 한 번 생각해볼 수 있으면 좋겠어.

4. 민주주의의 감성과 가능성

동학농민전쟁을 한국민주주의의 뿌리로 생각하는 사람들이 있어. 예컨대 중국은 손문(쑨원)의 삼민주의 중 민권주의를 이야기하면서 민이 주권을 가지려는 운동이 있었지. 소위 왕이 민심을 천심으로 생각해서 살펴야 한다는 수준을 넘어서 인민이 스스로 하늘(天)이 되려고 했던 시도가 있었던 거지. 마찬가지로 조선에도 그런 일이 일어났어. 그것이 바로 동학이야. "천즉인(天卽人) 인즉천(人卽天)이나, 인내천(人乃天) 사상을 통해 조선에서도 스스로 민이 하늘이 되었지. 그런데 일본은 한 번도 그런 일이 일어난 적이 없다는 거야. 그래서 일본이 중국을 통해 인민이 스스로 하늘이 되는 민주주의를 배울 필요가 있다고 역설하고 있어.(미조구치 유조, 『중국의 공과 사』)

마찬가지로 조선에서 인민이 스스로 하늘이 되려했던 전통이 어쩌면 4.19와 부마 광주 등으로 이어져서 지금의 촛불로 이어지는 것은 아닐까. 너희들은 어떻게 생각해? 해방과 자유를 향한 시민의 전통이 여전히 지금으로 이어지는 것일까? 아니면 그것과 무관하게 새롭게 탄생하는 것일까?

그럼에도 시민들이 분노로 공감하며 일어나는 것은 권력을 가진 기득권자들에게는 큰 위협이 되는 것만은 틀림없는 것 같아. 그래서 부마항쟁과 광주항쟁 때 지역 감정을 통해 두 지역을 서로 이간질시키려 했던 건 아닐까? 당시 도입되었던 지역 기반형 프로스포츠(야구와 축구)가 이 지역 간 이간질에 불을 붙였던 건 아닐까? 최근 지역감정이 살아나고, 서로가 서로를 멸시하고 혐오하는 일들이 새롭게 발생하는 것은 썩 좋은 일은 아닌 것 같아. 그리고 이런 멸시나 혐오를 교환하는 사람들을 살펴보면, 최근 상처받고 약한 사람들이 서로에게 상처를 주고받는 경우가 있는 듯해.

심지어 해방을 향한 운동에도 차별이 주어지는 경우가 있어. 다음 기사를 한 번 읽

함께 공감해봅시다.

최근 발생한 혐오나 멸시의 사례를 들어볼까?
만일 내가 그런 일을 당한 사람이라면 어떤 기분이 들까?

어보면 어떨까?

역사발전의 담지자는 기득권과 거리가 먼 사람들 (임미리 기자)

　　박근혜−최순실 게이트를 맞아 각 대학에서 시국선언이 이어지고 있는 가운데 소위 '지잡대' 시국선언 관련한 글들이 SNS상에서 이목을 끌고 있다. "지잡대는 시국선언 할 자격이 없다."는 글이 떠도는가 하면 "서울대생의 1표와 배재대생의 1표는 모두 값진 1표이고, 내 옆의 가족들의 안위를 다른 사람에게 맡기고 싶지 않다면 행동해야 한다."는 배재대생의 글이 누리꾼들의 응원을 받기도 했다.

　　한국사회 저항운동은 대학생 운동이 이끌어왔고 그 중에서도 소위 명문대생들의 역할이 컸다고 알려져 있다. 서울대를 위시하여 공부 잘하는(시험 잘 본) 학생들의 선구자적 희생정신이 뒷받침되었다는 것인데 그것은 과연 사실일까?

　　1960년 4월 혁명부터 보자. 지금은 제법 알려진 사실이지만 4월 혁명의 주역은 대학생이 아니라 고등학생들과 도시빈민이었다. 한국 학생운동사에 가장 큰 유명을 떨친 서울대 문리대조차 대광고 학생들이 교문을 흔들며 '형님들 나오세요." 했을 때 비로소 4월 19일 시위에 동참했다.

　　대구 경북고의 2.28 시위, 마산상고 김주열의 사망에서 알 수 있듯 4월 혁명의 불꽃은 고등학생 시위였다. 고등학생들은 4.19 이전부터 이미 조직적인 움직임을 보였고 주축은 경기고, 서울고처럼 명문대 진학이 예비된 명문고 학생들이 아니라 실업고, 야간고 학생들이었다. 당시 중심적으로 참여한 학교는 대동상고, 선린상고, 강문고, 중동고 등이다.(민주화운동기념사업회 4월혁명 구술기록 중에서)

4월 혁명의 경험으로만 봤을 때 학생들의 저항운동 참여는 실업.야간고교생 〉 일반.명문고교생 〉 대학생 순이다. 강남에서 여당 몰표가 나오는 것과 같은 이치다. 현실에 대한 분노는 물적 토대에 기반을 두게 마련이고 기득권에 가까울수록 저항은 소극적일 수밖에 없다.

대학생 운동이 나라를 바꿨다는 1980년대는 어떠할까. 1980년대 저항운동의 도덕적 상징이었던 열사들을 보자. 매년 6월 '민족민주열사·희생자추모(기념)단체연대회의'에서 합동추모하는 열사 중 1987년 6월 항쟁 이전까지 자살한 대학생 열사는 김태훈, 송광영, 김세진, 이재호, 이동수, 박혜정, 진성일, 박선영, 8명이고 이 중 송광영(경원대), 진성일(부산산업대), 박선영(서울교대), 셋을 제외한 나머지가 모두 서울대 출신이다.
스스로 생명을 던진 저항만이 최고의 저항이라고는 할 수 없으나 후대에서는 그 죽음의 고귀함을 기려 열사로 추모하고 있다. 그렇다면 고귀한 희생의 8분의 5가 서울대생이라는 것은 과연 어느 만큼 사실일까? 결론적으로 사실이 아니다.

1984년 12월 7일 전북대 철학과 김준호가 음독자살했다. 그는 전북대 이념서클인 흥사단아카데미 회원으로 활동하면서 대학생불교연합회(대불연)에 운영하는 야학의 국어교사로도 일했다. "고통스럽지만 의지가 있는 나는 나대로 비열하게 살고 싶지는 않다. 저들의 간악스런 고통이 있기 전에 나는 사라져 버린다.…" 는 유서를 남긴 그는 전북대 민주동우회에서는 열사로 기리고 있으나 매년 6월 전국합동추모 대상에는 포함돼 있지 않다.
반면 서울대 여학생 박혜정은 "반성하지 않는 삶은 부끄러운 삶일 뿐 아니라 죄지음이다. 부당하게 빼앗김을 방관, 덧보태어 함께 빼앗은 죄. 부끄럽게 죽을 것."이라는,

김준호와 비슷한 정조의 유서를 남겼으나 합동추모 명단에 포함돼 있다. 박혜정은 유서에 나타난 이 같은 자괴적 정조 때문에 사망 당시 서울대 운동권 내부에서 열사 호명을 두고 찬반이 갈렸으나 이후 합동추모 명단에 올랐다. 거꾸로 김준호와 같은 경우는 더 있을 것으로 짐작된다.

얼마 전 10월 28일은 건대항쟁이 일어난 지 30년이 되는 날이었다. 이 사건으로 구속된 1274명의 학교별 인원은 다음과 같다.

건국대 111, 서울대 180, 고려대 161, 연세대 115, 한양대 48, 서강대 88, 이화여대 83, 숙명여대 21, 시립대 69, 한신대 101, 경희대 50, 외국어대 32, 국민대 21, 덕성여대 25, 성심여대 21, 한성대 27, 성신여대 23, 장로신대 20, 상명여대 16, 감신대 15, 경기대 13, 강남사회복지대 18, 서울여대 5, 인천대 5, 전문대(여) 6.(10.28건대항쟁 20주년 기념자료집)

서울의 대학과 경기 일부에서 참여한 건대항쟁 구속자 명단에서 특기할 점은 지방대와 신학대, 그리도 전문대의 경우 전체 재학생 수에 비해 구속자 수가 많았다는 점이다. 1987년 당시 학교별 재학생 수는 성심여대 3,558명, 한신대 2,757, 강남사회복지대 3,361명이었다. 반면 서울대, 연대, 고대는 2만명에 육박했다. 학생수와 대비하면 비명문대의 참여율이 비슷했고 물리적 거리나 조직적 관계의 접근성까지 감안하면 훨씬 많은 학생들이 참여했다고 볼 수 있다.

이상의 내용으로만 봐도 한국 저항운동에서 명문대 신화는 일부는 허구이고 일부는 과장이라는 것을 알 수 있다. 그렇다면 이 같은 허구와 과장은 왜 생겨났을까. 그것은 명문대 출신들이 역사의 기록자였기 때문이다. 지배세력의 역사뿐만 아니라 저항세력의 역사를 기록하는 데에도 권력이 작용한 것이다. 그리고 그 같은 권력은 지배세력에서와 마찬가지로 저항세력에서도 명문대 출신들이 쥐고 있었다.

다행히 인터넷의 발달로 과거 소수에 의해 독점됐던 역사 기록이 점차 보편화하고 있다. 나의 기록을 내 스스로가 남길 수 있게 되었다는 의미다. 부당한 권위가 나와 우리의 자리를 매기던 시절을 나와 우리의 손으로 바로 잡을 수 있게 되었다. 바야흐로 아래로부터의 역사가 본격화되고 있는 것이다.

그러나 더욱 중요한 것은 역사 기록의 주체와 무관하게 이미 역사 발전의 담지자들은 기득권과 거리가 먼 사람들이었다는 점이다. 4월의 혁명에서 6월의 항쟁에 이르기까지 거대한 함성을 이끌던 사람들은 변절과 반역의 가능성을 내포한, 더 가진 한 줌의 무리가 아니었다. 덜 가지고 못 가졌기 때문에 세상을 전복하지 않고서는 희망을 꿈꾸지 못할 사람들이었다.

지금까지의 저항운동이 이분법적 정치 전선에서 여와 야의 위치를 바꾸기 위한 것이었다면 이제는 사회 곳곳에 스며든 부당한 권위와 기득권을 내몰아야 한다. 그러기 위해 가장 먼저 저항세력 깊은 곳에 기생하는 학벌의 위계부터 뒤집어야 한다. 명문대의 허구를 부수고 '지잡대'의 이름을 저항운동진영의 가장 높은 자리에 올려야 한다.

함께 공감해봅시다.

기사를 읽고 어떤 생각이 들어?
뭐가 문제일까?
이 문제는 또 어떻게 해결해야 할까?

멸시와 혐오를 뚫고, 차별과 억압을 향한 분노와 정의를 향한 공감의 힘이 분출되는 것은 결국 시민들이 '함께' 해방되고 '모두' 자유를 얻으려는 것을 목표로 해. 그런데 정작 위 기사를 보면 새로운 차별(대학생 운동권 우선, 서울 우선)이 생기는 양상을 볼 수 있어. 그리고 그 차별을 기존의 차별구조(학벌주의)에 다시 끼워 넣었지. 이렇게 되면 문제의 근본을 해결할 수는 없어. 기껏 힘들게 등장했던 사람들이 자신들의 목표에 최대한 근접할 수 있으려면 어찌해야 할까?

스스로의 힘으로 얻은 해방으로 스스로 우쭐해 하거나, 자만하는 것이 아니라, 그 결과물을 새로운 사람들과 더 폭넓게 나누어야 하는 것은 아닐까? 공감의 폭을 더 넓혀가는 거지. 우리와 '같은' 사람들의 범위를 지속적으로 넓혀 나가면서 자유와 해방의 단 맛을 함께 맛볼 수 있게 자리를 만들어주는 거지. 이러한 공감대 속에서 서로 다른 사람들, 다양한 차이를 안고 있는 사람들이 자신의 개성을 잃지 않으면서 서로 연대하는 일이 벌어지지 않을까. 이런 상황에서 사람들은 차선이 아니라 비로소 최선을 꿈꾸게 되지 않을까.

차이를 아우르는 공감, 시대를 아우르는 공감, 사회적 억압을 가로지르는 공감은 정작 그 뒤에 숨은 근본적인 폭력구조의 문제를 제대로 겨냥할 수 있어. 이러한 공감은 선과 정의 그리고 해방을 향한 인간의 길이며, 이것을 가로막는 상황에 대해 사람들이 행하는 인격적 불복종행위일 거야.

특히, 감정노동으로 감정까지 지배당하는 최근의 상황을 생각하면, 우리는 인격의 이름으로 감정의 주권을 찾고, 이렇게 되찾은 감정들을 모아, 공감의 민주주의를 회복해야 해. 이는 부정의에 대한 공분, 정의를 향한 사랑 그리고 소외된 가치의 회복에 대한 희망을 노래하는 일일 거야. 함께 분노하고 서로 사랑할 줄 아는 민주주의는 진정, 해방과 기쁨의 민주주의 아닐까?

함께 공감해봅시다.

민주주의의 감수성에는 구체적으로 어떤 감정이 포함될까?
나는 그 감정을 다른 사람과 공유할 수 있을까? 어떻게 공유할 수 있을까?
기쁨과 해방의 민주주의 사회(학교)는 어떤 사회일지 그려보고 서로 생각을 나눠보자.

함께 읽으면 좋은 책과 논문들

나간채, 「부마에서 광주로: 민주항쟁의 사회운동사적 이해를 위한 시론」, 『부마민주항쟁 35주년 학술대회 자료
　　집』, 부산민주항쟁기념사업회, 2014.
박구용, 「서로 주체의 형성사로서 동학농민전쟁과 5.18광주민중항쟁」, 『민주주의와 인권』 제7권 2호, 전남대학
　　교 5.18연구소, 2007.
박구용, 「바깥으로 나가는 역사, 5.18」, 『민주주의와 인권』 제10권 3호, 전남대학교 5.18연구소, 2010.
정해구, 『5.18민중항쟁사』, 광주광역시 5.18사례편집위원회, 2001.
조정관, 「한국 민주화에 있어서 부마항쟁의 역할」, 『21세기 정치학회보』 제19집 2호, 2009.
한홍구, 「놀라운 붕괴, 거룩한 좌절: 부마항쟁과 5.18 민주항쟁의 비교연구」, 『2009년 연구지원 선정 논문집』,
　　518기념재단, 2009.
홍순권, 「부마민주항쟁 연구의 현황과 과제」, 『항도부산』 제27호, 부산시사편찬위원회, 2011.

〈책〉
한강, 『소년이 온다』, 창비, 2014.
조정환, 『공통도시: 광주민중항쟁과 제헌권력』, 갈무리, 2010.
차성환, 『부마항쟁과 민중』, 한국학술정보, 2014.
광주전남여성단체연합 기획/이정우 편, 『광주, 여성 : 그녀들의 가슴에 묻어 둔 5·18 이야기』, 후마니타스, 2012.

〈기사〉
임미리, 〈역사발전의 담지자는 기득권과 거리가 먼 사람들〉, 레디앙, 2016년 11월 7일
(http://www.redian.org/archive/104663)

안녕과 '공감대화' 탐구여행

안지영

안녕? 반갑다, 친구

첫 만남, 낯설고 어색하면서도 무지 반가워! 나처럼 공감을 통해 행복한 삶을 살고자 하는 친구들과 동행하려니 설레고 기대된다.

먼저 내 소개를 할까. 난 '안녕'이야. 왜 '안녕'이냐고? 두 가지 의미를 담고 있어.

첫 번째는 '행복해지기 위한 기술'로서의 공감대화 안내자라는 뜻이야. 이 여행을 안내하는 나의 본명에서 따온 것이기도 하지. '안녕'은 '아무 탈이나 걱정 없이 편안함'이란 뜻이니 곧 행복한 상태라고 생각해. 또한 평화의 인사이기도 하지. 만났을 때 편안한지 궁금해 하며 반가움을 표시하고, 헤어질 땐 편안하니 잘 지내라고 행복을 빌어주며 이별의 아쉬움을 전하는. 으음, 들을수록 행복해지는 주문이야.

두 번째는 내가 소개하려는 공감대화의 특성을 강조하려는 의도가 담겨 있어. 요즘 공감대화란 말이 흔하게 쓰이고 있지만 차별되는 지점을 드러내주는 단어거든.[1] 내가 소개하는 '공감'은 '나/너/우리 서로의 몸과 마음이 행복해지기 위한 과정을 함께하는' 거야. 그렇게 '서로의 안녕에 초점을 맞추며 나누는 대화'가 '안녕이 소개하고, 안녕과 함께 나누려는 공감대화'라는 거지.

---

1. 공감의 사전적 의미는 "남의 감정, 의견, 주장 따위에 대하여 자기도 그렇다고 느낌. 또는 그렇게 느끼는 기분."이라고 해. 하지만 인문학(철학, 심리학, 미학, 사회학 등)에서는 좀 더 심오하고 다양하게 정의되고 있어. 〈안녕의 공감대화〉에서는 장자, 칼 로저스 등이 주장한 것과 같은 맥락에서 공감을 '존재 그 자체로 함께하는 것'이라고 정의하려고 해. 좀 더 풀어서 설명하면 '존재'는 '몸과 맘(몸과 맘은 연결되어 있고 하나와도 같아서 이후 '몸/맘'으로 표기)'으로 이루어져 있다는 데 기초해서 "몸/맘의 상태를 알아주고 돌봐주는 과정"을 공감대화라고 한다는 거야. 때로 '의견, 주장 따위에 동조하거나 찬성'하는 것으로 오해하는 걸 볼 수 있는데 그건 공감과는 매우 거리가 있는 것이니 주의하기 바래.

공감대화, 행복한 삶을 위한 소통과 갈등 전환의 기술

이 여행의 주제를 좀 더 풀어 쓰면 '행복한 삶을 위한 소통과 갈등 전환의 기술, 공감대화를 향한 첫걸음'이야. 따라서 여행 목적은 '행복한 삶', 여정은 그것을 구현하기 위한 방법을 찾는 과정인거지. 첫걸음이다 보니 공감대화에 대한 기초적인 탐색과 맛보기 실습에 초점을 두고 있어.

휴우~, 소위 '사춘기'라는 10대 시절, 행복을 찾을 여유도 없이 참 힘들지? 그 당시 난 매일 부딪히는 주변사람과의 갈등이 싫고 괴로워서 '나는 죽은 사람이다. 그러니 아무 느낌도 없다'고 상상하며 회피하려고 했었어. 근데 그게 되냐고. 엄연히 살아있는데! 방법을 몰라 답답하고 무기력했던 그때를 생각하면 많이 안타까워.

너희도 다양한 고민으로 안개 속을 헤매고 있을 테지. 내게 그런 것처럼 너희에게도 공감대화가 행복비법이 되길 바라.

보충설명 – 일상에서 쓰는 평화의 언어, 비폭력대화

공감대화의 시작은 '비폭력대화'였어. 비폭력대화(Nonviolent Communication, NVC)[2]는 '힘든 상황에서도 사람의 본성을 잃지 않고 연민어린 연결을 길러주는 소통 방법, 서로 협력하여 모든 사람의 욕구를 충족할 수 있도록 힘을 사용하게 해주는 대화방법'이야.

여기서 '비폭력'이란 간디의 아힘사(ahimsa) 정신에서 나온 것으로, 마음 안에서 폭력이 가라앉고 자연스럽게 인간 본성인 연민으로 돌아간 상태를 의미해. 즉 "우리의 생각을 지배하고 있는 이기심, 탐욕, 미움, 편견, 의심 및 공격적인 태도 대신에 다른 사람에 대하여 존중, 이해, 감사, 연민, 배려가 우리 마음 안에 우위를 차지하도록 하는 것"이지.

비폭력대화를 창안한 마셜은 유태인으로 인종갈등이 첨예했던 1940~50년대 미국 디트로이트의 한 마을에서 어린 시절을 보냈어. 그는 다양한 폭력을 접하고 자라면서 두 가지 질문을 풀기 위해 애썼어. 마셜의 질문은 '인간이 타고난 본성과 달리 서로 폭력적이고 공격적으로 행동하게 되는 이유는 뭘까?', '이와 달리 또 어떤 사람들은 견디기 어려운 고통 속에서도 어떻게 연민을 유지할 수 있는 걸까?'였대. 그 결과 탄생한 것이 비폭력대화인 거지.

처음 비폭력대화를 접할 당시 난 어린 딸과의 관계가 제일 힘들었어. 태어나서 처음으로 악을 쓴 상대가 내 딸이라니! 내 인격이 이것밖에 안 되는 걸까 하며 좌절하던 중이었어. 나아가 다른 가족들 및 친구, 동료와의 관계도 되돌아보게 되었고, 또 늦깎이로 시작한 통일학 공부를 하면서 남북관계의 평화적인 모델을 찾고 싶어서 헤매던 중이었지. 〈비폭력대화〉는 그 갈증들을 해소해 주었어. 이후 비폭력대화를 꾸준히 배우고 익혀 그 원리와 방법을 토대로 '(안녕과) 공감대화' 교육으로 재구성했고, 지금처럼 이렇게 주변 이들과 함께 나누고 있는 중이지.

〈(안녕과) 공감대화〉로 재구성했다는 것은 '공감' 기술에 좀 더 초점을 두어 안내하고, '자기' 공감을 최우선으로 연습하도록 강조하고 있는 것을 말해.

---

2. 국내에서 출판된 대표적인 저서는 마셜 B. 로젠버그, 캐서린 한 옮김, 『비폭력대화: 일상에서 쓰는 평화의 언어, 삶의 언어』(서울: 한국NVC센터, 2015)이다. NVC를 개발한 마셜과 그의 동료들은 1984년에 '모든 사람의 욕구가 평화롭게 충족되는 세상을 추구'하는 국제조직으로 NVC센터(CNVC)를 설립하였다. 전쟁 발발 및 분쟁지역은 물론이고 갈등과 폭력이 있는 세계 곳곳에서 NVC교육이 적용되도록 노력하고 있다. NVC는 가족, 학교, 회사, 감옥, 단체 등 인간이 활동하는 모든 영역에서 인간관계에서의 불화를 해소하고, 개선하고, 성과를 향상시키는데 활용되고 있다. 한국에서는 1968년 미국으로 이주했다가 2004년 입국한 CNVC 인증지도자인 캐서린 한이 소개하면서 알려졌고, 2006년 한국NVC센터가 설립되어 활발한 교육활동을 펼치고 있다.(홈페이지 http://www.krnvc.org/) 우선 친구들에게 강력히 추천하고픈 책은 이윤정, 『아이는 사춘기 엄마는 성장기: 사춘기 내 아이와 마음이 통하는 비폭력대화』(서울: 한겨레출판, 2010); 김미경, 『청소년을 위한 비폭력 대화: 누가 알아줄까 내 마음?』(서울: 우리학교, 2013) 등이야. 두 책 모두 또래들의 생생한 체험담이 담겨 있어 도움이 될 거야. 이윤정 선생님은 고등학생 아들과 함께 책을 쓰셨어. 그리고 이 글은 〈안녕과 공감대화〉와 유사한 방식으로 소개하고 있는 김미경 선생님의 책을 많이 참고했다는 점을 밝혀둘게.

사전 길잡이, 공감·뇌 사용설명서

〈보조를 맞춰볼까?〉 행복한 삶을 꿈꾸며 떠나는 공감대화의 세계, 그 첫 자국을 디뎌보자

기지개를 켜보자. 각 부위별 몸의 상태는 어때? 여행을 떠날 준비, 됐나?!
'공감(대화)'하면 무엇이, 혹은 누가 떠올라? (단어, 장면 등)
공감대화를 배워서 어디에 어떻게 활용하고 싶은지 구체적으로 상상해보자.

우리 함께 온몸으로 부딪혀봐

공감대화를 배운다는 건 온몸으로 체험하고 터득하여 써먹도록 한다는 거야. 무슨 공부든 더 나은 삶을 위해 하는 거니까 당연한 말이겠지. 그래도 새삼 더 강조하고 싶어. 우리 배움은 더 역동적이길, 함께하는 친구들과 '온몸으로 부대끼며' 체험해보길 권해. 그렇게 해서 "어?!" 하는 순간이 최대한 많았으면 좋겠다. '어?!'의 의미는 '도대체 뭐라는 거야??'거나 '이거구나!!'겠지? 의문이든 감탄이든 그 모든 과정이 생생한 배움일 테니.

나도 처음 비폭력대화를 접했을 땐 한동안 머리에 집어넣기만 하면 될 줄 알고 책을 통째로 외우려고 들었지. 몸으로 실습하는 건 귀찮고 부끄럽고 어색해서 꺼렸어. 그땐 생활에 변화가 없었어. 어려워도 내 방식대로 주변 사람과의 관계에 접목하고 실습하면서부터 기대 이상의 변화를 체험할 수 있었어. 어떤 땐 상대를 때려죽이고 싶을

정도로 화가 났다가도 공감작업을 통해 일어나는 감격적인 변화에 놀라기도 했지. 그러면서 탄생한 게 '안녕과 공감대화'인 거지. 우리 모두가 각자 자신의 개성과 노하우가 담긴 '공감대화의 달인'이 되어 따로 또 같이 행복해지기 바라.

짜릿하면 찌릿하다

얼마 전 김해 한 고등학교에서 진행한 공감대화 특강에서 한 친구가 공감에 대해 '네가 짜릿하면 나는 찌릿하다'고 표현하더라. 와, 그 생생한 표현에 깜짝 놀랐어! 수업을 함께했던 다른 친구들 중 다수도 소감문에 그 답이 인상적이었다고 적고 있었어.

그렇게 현장에서 서로를 통해 생생한 깨달음을 얻어 보자. 늦은 저녁까지 수업의 연장. 급하게 먹은 저녁밥을 채 소화시키지도 못한 채 지친 몸을 이끌고 모여 앉은 너희. 어떻게 하면 더 편하고 즐겁게 나눌 수 있을까 고민해본다.

이 수업은 우리가 함께 만들어가는 수업이란 거, 그래서 굳이 '여행'으로 표현한 거 눈치 챘지? 내가 경험이 더 많고, 맡은 역할이 강사라 앞서서 안내하고 있긴 하지. 하지만 우리가 삶이라는 배움과 성장의 과정에서 동료라는 걸 꼭 기억해줘.

이 공간에서 잠시나마 안전하고 즐거운 배움의 공동체를 만들어보자. 그 속에서 우리들 모두의 지혜를 모아 더 나은 삶의 방법을 탐색해보자.

어디로 가볼까

이번 여행은 공감대화를 처음 만나는 거니까 무엇을 공감 또는 공감대화라고 하는지부터 안내할게. 그 과정은 기존 개념이나 가치관에 대해 재고하고, 기존 발상들을 공감의 시점으로 전환해 보기를 권유하는 것이기도 해.

자, 이제부터 본격적으로 탐구여행을 떠나볼까?

♣ 이 여행에서 탐색할 다섯 가지 탐구 질문

• 공감 본성, 뇌 훈련으로 깨우자?

• '공감', 나/너라는 존재(맘/몸)와의 만남?

• '욕구', 우리의 생존에너지?

• '느낌과 생각', 에너지 상태를 알려주는 신호?

• '선택'하자, 약방에 감초처럼 갈등엔 공감을?

잠깐, 쉬어갈까?

지금 느낌?

궁금한 것, 질문이나 다른 의견?

필요한 것, 부탁?

탐구 1
공감 본성, 뇌 훈련으로 깨우자?

공감이 본성? 거울뉴런의 발견

　다른 존재의 느낌에 공명할 수 있는 공감능력. 그게 사람이 타고나는 본성이라는
것은 이미 많은 학자들에 의해 밝혀졌지.[3] 공감기능을 담당한 뇌의 운동영역을 '거울
뉴런계'라고 하고. 굳이 학자들의 주장을 들어보지 않더라도 당연한 얘기 같아. 인류
가 그저 다투고 경쟁하기만 했다면 이렇게 진화할 수 있었을까? 인류는 공감을 본성
으로 하여 협력함으로써 험난한 환경을 극복하며 진화해 왔어.

　사실 인간의 본성에 대한 논
쟁은 끊임없이 지속되어 왔지.
성선설, 성악설이니 이타적 유전
자, 이기적 유전자니 하고 따지
곤 해. 하지만 그런 구분은 무의
미하다고 생각해. 사람이 지구
환경에 의해 자연스럽게 진화해
온 본성을 두고 옳고 그름을 따
질 수 있을까? 단지 생존을 위
해 취한 행위의 결과를 두고 따

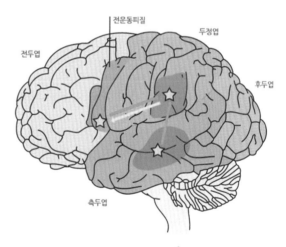

〈그림 1〉 거울뉴런의 분포[4]

질 때 해당되는 거겠지. 그 행위가 자신 또는 다른 존재에 득이 되느냐 아니면 해가 되
느냐에 따라 '선' 또는 '악', '이타적' 또는 '이기적'이라는 평가를 하게 돼.

공감이 본성이라면, 우리가 겪는 여러 갈등이나 뉴스로 접하는 많은 사건사고들은 어떻게 해석해야 하는 거지? 세상 모든 사람들이 평화와 행복을 원한다고 말하고, 모든 정치 지도자들도 평화를 원한다고 말하지만 불화와 싸움이 끊이지 않는 가정, 사회, 국가들. 모든 사람들의 바람과 달리 세상에는 온통 폭력이 난무하는 것만 같아.

공감, 평화의 기술을 배운다

그동안 우리는 평화에 대해, 서로의 갈등을 평화적으로 푸는 방법에 대해 제대로 배운 적이 없어. 평화와 행복을 염원하면서도 그 방법은 잘 몰랐어. 이론적으로는 서로 존중하고 이해하고, 배려하고 협력해야 한다고 가르치고 배워왔지. 반면 실제 생활에서는 폭력적이고 강압적으로 공격하고 방어하도록 배우고 익혀왔어. 그래서 싸워 이겨야 나의 평화와 안전이 지켜질 거라 믿고 습관적으로 그렇게 행동하게 되었지. 세대를 거쳐 우리들은 그런 방식을 대물림하여 왔고.

글 읽는 방법을 배우지 않으면 글을 읽을 줄 모르듯, 평화를 위한 기술도 연구하고 배워 익혀야 해. 폭력과 강요는 당시에는 복종과 순종으로 안정을 가져오는 듯해. 그러나 매우 위험한 평화지. 억눌린 복종은 언젠가는 터뜨려져 더 큰 불행과 비극을 낳게 되니까. 사춘기시절 별 반항(자기주장) 없이 무난하게 지냈던 사람이 청장년기 들어 갑자기 힘들어지는 경우. 충격사건이나 연쇄살인범이 어린 시절 얌전하고 평범했다는 일화들. 간디는 "정신적"인 폭력이 "육체적"인 폭력보다 훨씬 더 해롭고 위험하다고 했어. 정신적인 폭력은 피해자들의 내면에 분노를 일으켜서, 그 피해자들이 개인이나 집단으로 결국은 폭력적으로 나오게 만들기 때문이지. 정신적인 폭력이 육체적인 폭력에 불을 지피는 연료가 된다는 거야.

---

3. 더 상세한 내용은 다음 서적 등을 참고하기 바람. 박성희, 『공감과 친사회행동』(서울: 文音社, 1997); 『공감학: 어제와 오늘』(서울 : 학지사, 2004); 『공감』(서울: 학지사; 이너북스, 2009); 요아힘 바우어, 이미옥 옮김.『공감의 심리학: 말하지 않아도 네 마음을 어떻게 내가 느낄 수 있을까』(서울: 에코리브르, 2006); 제러미 리프킨, 이경남 옮김.『공감의 시대』(서울: 민음사, 2010); 막스 셸러, 이을상 옮김. 『공감의 본질과 형식』(서울: 지식을만드는지식, 2013) 외 다수.
4. 지금까지 연구를 종합하면 거울뉴런(별표)은 뇌의 세 곳에 분포한다. 전두엽 전운동피질 아래쪽과 두정엽 아래쪽, 측두엽, 뇌성엽 앞쪽이다. 거울뉴런은 서로 신호를 주고받으며 정보를 처리해 지각한 행동의 의미를 파악한다.

본성도 훈련으로 개발된다

　　방어나 폭력적 방식에 익숙해진 뇌 회로를 공감 본성이 제대로 발휘되게끔 개발하고 훈련하자. 제아무리 공감을 본성으로 타고나더라도 그와 다른 방향으로 살아간다면 그 성질은 퇴화되어 버리겠지? 본성이 더 효율적으로 구현되도록 한다면 '선'하고 '이타적'인 결과를 더 많이 가져오리라 믿어. 제아무리 좋은 것이라 하더라도 습관이 되기 위해서는 오랜 훈련이 필요해. 3,000번 가량 반복 실행해야 습관이 된다는 실험 결과도 있어. 대략 하루에 세 번씩 행한다고 보면 3년가량이 걸리지. '세 살 버릇 여든 간다.'는 속담이 허튼소리가 아닌가봐. 그렇다고 3년 꼬박 지나야만 공감할 수 있는 거냐고? 물론 아니지.

　　서툴러도 시행착오를 해가는 과정을 통해 매일매일 성장하게 돼. 그 과정에서 때로 심각한 갈등 상황이 공감 작업을 통해 순간적으로 전환되면서 사랑과 배려가 넘치는 공간으로 바뀌는, 마치 기적과도 같은 순간들을 체험하곤 하지. 그런 경험은 공감을 배우고 익히고 있는 이들을 통해서 쉽게 확인할 수 있어. 그런 이들이 늘어갈수록 세상은 더욱 평화로워지겠지.

공감본성[5]이 발현되는 사회

　　내가 살고 싶은 세상은?(〈표 1〉 참조) 우리에게 익숙한 지배체제는 삼각형의 위계구조를 형성하고 있어. 사람들의 수치심과 죄책감, 두려움을 불러일으키는 방식으로 구조와 문화의 원리를 만들어왔지. 반면 존중과 협력을 바탕으로 하는 체제는 동그라미 형태로 모두가 동등한 위치를 차지하도록 하고 있어. 자존감, 자율성, 편안함 등의 원리로 운용되도록 노력하지. 어느 쪽을 선택하고 싶어?

---

5. 이때 공감본성은 평화교육, 인권교육, 종교 및 철학 등에서 제각각 달리 사용하고 있는 평화감수성, 인권감수성, 영성, 참자아 등의 개념과도 유사하다.

지배

수치심
죄책감
두려움

존중 · 협력

자존감
자율성
편안함

〈표 1〉 지배체제와 존중 · 협력을 기초로 한 체제의 패러다임 비교

구분	지배체제	상호존중과 협력체제
목표	누가 옳고 그른가를 입증한다. 자신이 원하는 것을 획득하는 것만이 중요하다. 권위에 복종한다.	삶을 보다 멋지게 만든다. 모든 사람의 욕구를 충족시킨다. 자신 및 타인과 공감한다.
타인과 관계	승패 경쟁, 지배 구조, 리더 중심	상호만족, 모두 동등한 힘 공유
충성 대상	대표자(권력자) 한 사람	모두가 공유하는 바람직한 목적
행위의 의도	옳고 그름, 타인에게 시키기	공유하는 목표의 명확함, 풍성한 삶
행동의 동기	처벌 · 비난, 보상 · 칭찬(그 의도가 상대방의 복종 유도), 강요	타인의 행복에 기여하기, 타인에게서 기꺼이 받기
안전의 수단	강요와 복송	부닥과 연결
평가	꼬리표 달기, 판단	무엇이 인간의 욕구를 채워주며, 무엇이 그렇지 않은가? 무엇이 나와 다른 사람의 삶을 보다 멋지게 만들어주는가?
조직의 문화	두려움	신뢰
고통 다루기	처벌로 고통 주기	공감으로 현존하기
느낌의 근원	다른 사람의 행동 및 사건	존재의 상태를 알려주는 몸/맘의 신호
타인의 거절(No) 듣기	나에게 고통을 주는 것으로 봄	도움을 요청하는 것으로 봄
권위의 출처	교회, 정부 등 외부 권력	내면의 신성함
초점 두기	과거 행동이나 미래 사건	지금 여기 (Right Now!)
상징	피라미드 혹은 삼각형	원형

잠깐, 쉬어갈까?

지금 느낌?

궁금한 것, 질문이나 다른 의견?

필요한 것, 부탁?

탐구 2
'공감', 나/너라는 존재(맘/몸)와의 만남

공감할 준비, 됐나

이 여행에서 특히 강조하고 싶은 것은 공감의 '주체'와 '대상'에 대한 문제야. '누가(주체)' '누구(대상)'를 공감할 것인가?! 갑자기 무슨 소리냐고? 두 가지 질문을 해볼게.

첫째, "공감은 누가 하는 거야?", 둘째, "누굴 가장 먼저 공감해줄 거야?" 내가 만난 거의 대부분의 사람들이 첫째 질문에 대해서는 '나'를, 둘째 질문에 대해서는 가족, 친구 등 '나 이외 주변 사람들'이라고 답을 하지.

공감을 '내'가 하는 건 당연한 건데 굳이 누가 하느냐고 묻는 이유는? 과연 내가 '공감'을 할 준비가 되어 있는지를 묻는 거지. '내'가 내 앞의 누군가를 공감해주고자 할 때 내게 흔쾌히 상대를 공감할 에너지가 있는지, 상대가 나와 똑같은 '사람(나를 괴롭히는 괴물이 아닌)'으로 보이는지 말이야. 때로는 바쁘고 여유가 없어서, 때로는 지치고 귀찮아서, 때로는 상대가 밉고 싫어서 공감이 힘들 수도 있어. 그럴 땐 공감을 할 주체인 나를 먼저 공감하고, 쉽게 해주는 게 더 필요하겠지?

자기 공감이 먼저, 내가 '나'를

내가 '나'를 공감한다? 생소하지? 위 두 번째 질문은 가장 중요한 대상을 놓친 걸 지적하기 위한 거였어. 내가 반드시 책임져야 할 존재를. 다른 사람을 공감하고 존중하고 배려하느라 방치된 '나'를. 스스로 제대로 된 공감을 받아본 적이 있는지? 내 얘길 들은 사람들은 다들 고개를 끄덕이는 걸 보면 그만큼 필요성을 인식하고 있고, 동의한다는 거겠지?

한편으론 "나는 너무 이기적인 게 문젠데요?"하는 사람도 있어. 물론 나도 공감대화를 실천하기 전까지 주변에서 아무리 착하다고 평가해도 '나는 너무 못됐어'라고 자책해왔고. 하지만 스스로를 이기적이라고 생각하며 자책하고 비난하기 때문에 주눅이 들어 자신이 가진 공감 본성이 발휘되지 못하는 것일 수도 있어.

자기 공감으로부터 상대 공감으로

자기 자신을 공감할 줄 알고, 공감을 통해 외부 자극에 의한 상처 등을 스스로 치유하고 회복하게 되면 자연스럽게 상대 공감으로 나아가게 되지. 공동체 생활이 기본인 사람의 본성에 따르면 이해, 사랑, 존중, 배려, 기여와 나눔은 지극히 자연스러운 거야. 사람은 공동체 사회에서 살아남기 위해 상대의 느낌과 필요에 대해 예민하게 반응하고 대응하기 마련이지.

우리가 자신을 비롯해 누구든 제대로 공감하지 못하게 된 이유는 공감을 할 주체인 자신이 아닌 '남'을 더 우선시하도록 교육해왔기 때문이 아닐까? 그래서 결국 우린 스스로를 돌볼 힘도, 기술도 잃어버린 무책임하고 지나치게 의존적인 존재가 되어 버린 건 아닐까. '공감'과 '공감대화'를 소개하는 많은 책들을 봐도 '나 자신'을 먼저 공감하자는 내용은 극히 드물어. 심지어 인권교육에서도 '인간은 누구나 평등하고 천부적인 권리를 타고났다'고 하면서 약자를 동등하게 배려해야 한다고 하지 '나'에 대한 언급은 없어. 우리 사회의 폭력은 거기서부터 비롯된다고 감히 주장하고 싶어. 각자가 스스로 자신을 돌보지 않은 채 밖을 향해 "왜 나를 봐주지 않는 거야?!"라고 부르짖곤 하지. 상대에게 내 존재에 대한 책임을 떠넘겨 버리는 순간이야. 자신에게조차 방치된 수많은 '나'들이 안팎으로 폭력을 휘두르게 되지. 자신의 몸과 맘이 아프거나 상대를 향해 공격하거나 하는 식으로. 그렇게 우린 서로 불행의 사슬을 엮고 있는 건 아닌지.

공감대화, '나와 너'를 동등하게 상호 공감

공감대화는 각자가 자기 자신을 잘 돌보는 과정에서 서로 부족한 것에 대해 흔쾌히 부탁하고 협력하고 나눌 수 있도록 돕는 기법이야. '나'도 빼놓지 말고 '나'와 '너'를 동등하게 공감해야 해. 세상의 일부인 사람이라는 존재로서 우리는 하나이지만 제각기 자기 몸을 가진 독립된 개체로서 동등하게. 그리고 공감을 할 주체인 내가 먼저 준비가 되어야 누구든 공감할 수 있겠지.

그런데 내가 나를 공감한다? 이것 참, 어색하지 않아? 그래서 나를 공감하는 연습을 우선해야 해. 새삼스럽겠지만 이 여행에서부터 '나'에 대해 재인식하고, '내 몸과 마음'을 의식하며 소중히 대해보자.

〈보조를 맞춰볼까?〉

- 자기 공감을 위한 호흡명상: 지금 잠깐 멈춰 모든 의식을 집중해 나를 바라보자. 가장 편안한 자세를 취하여 깊게 호흡해보자. 코를 통해 들이쉬고 내쉬는 숨결을 느껴보자.
- 얼음 땡 : 자리에서 일어나 한 발짝 뒤로 물러서자. 방금 내가 앉았던 곳을 보며 내 모습을 (상상하며) 바라보자. 무슨 생각, 어떤 느낌이 드는가?
- 짝과 거울놀이 : 주인공은 거울을 통해 '자기 공감'을, 짝은 주인공을 향해 거울을 비춰주며 '상대 공감'을 체험해보자. (혼자서도 거울 보며 '자기 공감' 연습을 할 수 있다.)
- 공감 상상극장 : 내가 이해하고 있는 '공감대화'에 대해 짝과 함께 구체적인 행위로 표현해 본다면? 다음의 자세 중 각자 편한 것을 선택하여 해본다.
  ① 서로 (벽, 바깥 등을 향해) 같은 방향을 바라보고 앉는다.
  ② 서로 마주보고 (눈을 바라보고) 앉는다.
  ③ 서로 마주보고 (밀착하여) 손을 잡고 앉는다.

공감은 그저 함께 하는 거라고

공감을 한 마디로 표현하면, 무엇을 하려고 애쓰지 않고 "그 존재와 그저 함께 하는 것"이라고 할 수 있어. 참 간단하면서도 아리송한 말이지? 사람이라는 '존재'는 '몸'으로 구성된 것으로 파악할 수 있지. 물질과 정신적 요소로 구분한다면 '몸'과 '마음'으로. 그래서 공감은 매순간 시시각각 바뀌는 "'몸과 마음'의 흐름에 '지금' 그저 함께하는 것"이기도 해. 마셜은 마치 '파도타기' 같다고도 표현했지(시 〈마술쇼〉 참조). 파도 탈 때 이 생각 저 생각에 빠져있을 수 있겠어? 그저 파도의 흐름에 몸을 내맡겨야 서핑보드에서 떨어지지 않겠지.

나 또는 상대가 무슨 말로 어떻게 표현하든 내 눈과 귀와 온 몸의 감각은 그 말의 표면적인 내용이 아니라 그의 몸과 마음이 반응하며 외치는 소리를 듣는 거지. 예를 들어 그가 "야! 너 뭐야!"라고 할 때 기쁜지 놀라는지 슬픈지 아픈지 억울한지 서운한지 등 그 존재가 일으키는 감각의 파도를 함께 타는 거야. 그럴 때 나/상대의 내면에서는 치유가 일어난다고 해.

그가 '나'라면 아마 정확하게 자신의 상태를 알 수 있겠지? 그래서 자기 공감은 숙달만 되면 굉장히 쉬워. 하지만 '상대'일 경우 짐작할 뿐이지. 짐작은 틀릴 수 있지만 상대에게 집중하는 그 자체가 바로 상대 공감이야. 그렇게 그저 있어줄 때 나/너는 편안함에 가까워지고 그럴수록 좀 더 서로를 함께 만족시키는 방법을 찾는 호의적이고 창의적인 대화가 가능해지지.

자기 공감 : 호흡스위치를 켜 내가 '나'와 연결한다, 수신 양호?

공감을 위해서는 먼저 관찰이 필요해. 우리가 겪는 경험에 대한 인지, 그 경험에 대해 생각하는 것, 그런 생각을 불러일으키게 된 그 이면의 욕구와 느낌에 대한 관찰. 이렇게 관찰하는 순간을 '알아차림', '깨어있기', '존재와의 연결' 등으로 표현하곤 하지.

난 흔히 '연결'이라고 해. 손쉽게 연결하는 방법은 '호흡'을 의식하는 거야. 그래서 '호흡'을 나와의 '연결스위치'라고 불러. 따라서 '매순간 호흡으로 깨어있기, 나와 연결되어 있기'가 공감대화의 기본 과제인 거지.

우리 존재가 효율적으로 작동되도록 의식을 관장하는 뇌와 몸의 다른 각 부위들을 제대로 연결시켜 보자. 숨을 쉬고 느껴보는 거야. 심장은 제대로 뛰는지, 폐는 신선한 공기를 잘 전달하고 있는지, 위는 소화를 마쳤는지, 근육들은 제 위치에 붙어 기능을 잘 하는지…. 가만히 귀 기울이면 그들이 우리에게 신호를 보내올 거야. "꼬르륵" 입에 군침이 도니, 배고프다, 음식이 필요해? 가슴이 욱죄어오니, 슬프다, 이해와 위로가 필요해? 온몸에 힘이 불끈, 분노가 치민다, 존중과 배려가 필요해?

이제 눈치 챘어? 공감은 '무엇을 느끼고 필요로 하는지'에 대해 몸이 하는 말을 들어주는 거라고. '자기 공감'은 내 몸이 하는 말을 들어주는 거고, '상대 공감'은 상대가 자신의 몸이 하는 말을 듣는 걸 지켜봐주는 거라는 걸. 세상과 반응하는 몸의 감각이 내게 신호를 보낸다. 그런 신호에 우리는 이름을 붙였지. '느낌'이라고. 지금 우리 몸에 어떤 종류의 '욕구(생존에너지)'가 필요하거나 충분한 상태인지 알려오는 느낌이 우리에게 외쳐. 신호를 받았으면 이제 뭘 어떻게 할지 결정하라고.

자, 그럼 본격적으로 무엇을 어떻게 공감할 건지 탐색해볼까? 우리의 존재를 유지하게 해주는 생존에너지 '욕구', 그리고 그 상태를 알려주는 신호 '느낌과 생각'을 찾아 떠나 보자구!

잠깐, 쉬어갈까?

지금 느낌?

궁금한 것, 질문이나 다른 의견?

필요한 것, 부탁?

서핑해본 적 있으세요?

지금 보드를 타고 나가서
큰 파도가 오기를 기다리고
있다고 상상해 보십시오.
자, 그 에너지에 휩쓸려갈
준비를 하세요.

마술쇼   마셜B. 로젠버그

자, 여기 옵니다!
지금 그 에너지와 함께하고 있습니까?

그것이 공감입니다.

말이 필요 없고, 그냥 그 에너지와 함께하는 것입니다.
다른 사람 안에 생동하고 있는 것과 연결할 때 나는 서핑하는 것 같은 느낌이 듭니다.
과거의 것은 아무것도 가져올 수 없습니다.
심리학을 많이 공부할수록 공감하기는 더 힘들 겁니다.
상대를 잘 알수록 공감하기가 더 힘들 겁니다.
진단이나 과거의 경험들은 당신을 서핑 보드에서 당장에 떨어뜨릴 겁니다.
과거를 부정하는 것이 아닙니다.
과거의 경험들이 이 순간에 느낌을 일으킬 수 있습니다.
그러나 당신은 지금 과거 일에 초점을 두고 있습니까?
아니면 그 사람이 지금 이 순간에 무엇을 느끼고 원하는지에 초점을 두고 있습니까?
그 사람을 더 기분 좋게 해주려면 무슨 말을 해야 할까 하고 미리 생각하고 있다면

"첨벙!", 보드에서 떨어집니다. 당신은 미래로 가버렸으니까요.

공감은 지금 여기에 있는 에너지와 같이 있을 것을 요구합니다.

아무 기술도 쓰지 않으면서 그냥 현재에 있는 것입니다.

내가 진정으로 이 에너지와 연결되어 있을 때 나는 마치 거기에 없는 것과 같습니다.

나는 이것을 마술쇼를 보는 것 같다고 말합니다.

이때 아주 귀중한 에너지가 우리를 통해서 흐르고

그 에너지에는 모든 것을 치유할 수 있는 힘이 있습니다.

무엇이든 "고치려"하는 나의 습관에서 나를 해방시킵니다.

〈보조를 맞춰볼까?〉

〈'욕구' 목록〉에서 눈에 띄는 단어는?

그 단어를 보면 어떤 생각과 장면이 떠오르나?

그 장면을 상상하면 몸에서 어떤 반응이나 감각이 느껴지나?

탐구 3
'욕구', 우리의 생존 에너지?

우리를 살게 하는 힘, 욕구

앞서 공감대화는 서로의 '안녕(아무 탈 없이 편안함)'에 초점을 맞추며 나누는 대화라고 했던 거 기억나? 사람이 자기 존재를 유지하며 살아가기 위해, 즉 생명을 유지하기 위해서는 자기 몫의 에너지가 필요해. 그걸 여기서는 욕구(need)[6]라고 하자('욕구' 목록 참조). 사람이 안녕하려면 그런 기본적인 욕구가 제때 채워져야 하겠지?

우린 끊임없이 말하고 움직이며 무언가를 하지. 그건 그때그때 필요한 욕구를 충족하기 위해서고. 이처럼 욕구는 생명을 이어나가게 하고, 삶을 풍요롭게 해주지. 그래서 욕구에는 어떤 것들이 있는지 아는 것이 중요해. 무엇이 필요한지 알아야 그것들을 충족하기 위한 수단이나 방법을 찾아볼 수 있잖아?

수단과 방법은 각자가 지닌 성향, 사회로부터 습득한 지식과 정보 및 경험 등에 의해 세운 기준에 따라 판단하고 선택하게 돼. 이때 선택한 행위가 폭력일 수도 있어. 마셜은 '폭력은 충족되지 않은 욕구의 비극적 표현'이라고 했어. 안타깝게도 욕구를 충족하기 위해 선택한 폭력이 비극적인 결말을 낳는 일은 주변에서 흔히 접하고 있지. 공감대화는 그런 비극을 막고자 고안되었어. 그 선택이 모두를 이롭게 하는 방향이 될 수 있도록 서로가 조화롭게 약동하는 생존에너지와 연결되도록 돕는 거야. 그래서 욕구 에너지에 집중하고, 구체적으로 상상하는 훈련을 하게 되지.

---

6. 욕구의 종류에 대한 구분은 학자마다 다른데 여기선 비폭력대화에서 제시하는 걸 토대로 하고 있어. 이 글 맨 뒤 욕구 목록을 참조해 줘. 참고로 덧붙이면 '욕구'라는 말의 어감이 '욕망', '욕심' 등 이기적이거나 탐욕스러운 것으로 받아들이는 분위기가 있어서 '필요'나 '바람'으로 바꿔 부르기도 해. 이 글에서도 계속해서 욕구가 우리 사람에게 기본적으로 필요한 '생존에너지'라고 강조하고 있는 이유야.

기본적인 욕구의 종류

사람이 살기 위해 필요한 에너지인 욕구의 종류는 '인권'의 항목과도 동일해. 그 종류는 크게 신체적 생존과 정서적(자율성, 상호의존) 생존 욕구로 나눌 수 있는데 여기서는 좀 더 세분화해서 여덟 가지로 소개해볼게.

① 신체/생존 : 공기, 물, 음식, 잠, 휴식, 신체적 접촉 등 생명 유지를 위해 꼭 필요한 요소들.

② 자율성 : 바깥의 구속이나 제약을 받지 않고 스스로 행동을 결정하는 것.

③ 사회적/ 정서적/ 상호의존 : 나눔, 협력, 유대, 소통, 사랑 등 다른 사람과 더불어 살아가며 필요한 요소들.

④ 놀이/ 재미 : 즐거움, 재미, 유머 등은 삶의 윤활유가 된다.

⑤ 삶의 의미 : 능력, 기여, 도전, 자극, 자기표현, 축하, 애도, 꿈 등 살아가는 의미를 찾는 요소.

⑥ 온전함 : 성실성, 진정성, 현존, 일치, 자존감 등 아무런 결함 없이 본바탕 그대로, 존재 그 자체로 완전함을 확인하는 요소들.

⑦ 아름다움/ 평화 : 아름다움, 홀가분함, 평등, 조화, 질서, 평화, 영성 등 삶을 더욱 풍요롭게 하는 요소들.

⑧ 자기실현 : 성취, 배움, 생산, 창조성, 숙달 등 내 능력과 개성을 구체적인 모습으로 뚜렷하게 드러내는 요소들.

우리의 행동은 어떤 욕구를 채우려는 것인가

자신의 행동이 어떤 욕구를 채우기 위한 것인지 의식해 본 적 있어? 친구들에게 "무엇을 원해?" 혹은 "무엇이 필요해?"라고 물으면, "잘 모르겠어."라는 대답을 자주 듣곤 해. 무엇을 필요로 하는지 의식하지 않은 채 습관적으로 말하거나 행동하기 때문이겠지. 아침에 눈 뜨면 세수하고 밥 먹고 학교에 가고, 수업이 끝나면 집으로 와서 학원에 가거나 다시 공부를 이어가거나 등등. 다람쥐 쳇바퀴 도는 것 같은 생활 속에서 내가 원하는 게 뭔지도 모르게 되지나 않았는지.

내가 지금 이 글을 쓰고 있는 건 '나눔, 성장, 기여, 평화' 등의 욕구를 채우기 위해서야. 그 중 나한테 '평화'가 구현되는 장면은 '사람들이 하루 일을 마치고 돌아와 함께 맛있는 걸 나눠 먹고, 서로를 사랑스럽게 바라보며 담소를 나누는' 모습이야. 아, 상상만으로도 푸근하고 따뜻해진다. '나눔'은 이런 수업을 통해 너희와 함께 공감대화의 세계를 여행하고 탐색하고 있는 장면이지. 그걸 생각하면 가슴이 두근거리고 흥분돼. 이렇게 필요한 것이 무엇인지 구체적으로 깨닫기만 해도 기운이 생겨. 귤을 생각만 해도 입 안에 침이 고이고, 미소만 지어도 몸에서 행복호르몬이 나오는 것처럼.

내게 필요한 욕구의 종류를 알고, 거기서 비롯되는 힘에 의해 내가 '흔쾌히' 선택하는 행위의 결말은 어떨까? 최소한 비극은 아닐 거라고 장담할 수 있어. 원하는 것이 무엇인지 알게 되면 그것을 충족하기 위한 수단이나 방법을 찾는 것으로 관심과 힘이 집중되니까. 원하는 것에 집중하면 그것을 얻을 가능성도 훨씬 높아질 테고. 누군가를 탓하거나 공격하는 데 힘을 낭비하지 않겠지?

욕구를 충족하는 방법은 무한하다

　욕구를 충족하기 위한 수단과 방법은 다양해. 원하는 것을 다양한 방법으로 충족할 수 있을 때 삶이 풍요로워지지. 나라마다 사회마다 문화가 다양한 것처럼 개개인의 체질과 성향에 따라서도 무궁무진한 방법들을 창조해 왔잖아? 예를 들어 배가 고플 때 먹는 음식의 종류는 어떤 것들이 있지? 밥, 빵, 고기와 각종 야채, 과일 등등. 사랑을 표현하는 방법은 어때? 따뜻한 말에서부터 문자, 편지, 악수, 팔짱끼기, 포옹, 선물, 어루만져 주기, 함께 놀기, 발마사지 해주기, 맛난 것 해먹기 등등 수많은 방법이 있겠지. 원하는 것을 충족하는 수단이나 방법이 많을수록 행복을 느끼는 순간들이 많아질 거야.

　필요한 걸 얻기 위해 스스로 그 방법을 찾기도 하지만, 누군가에게 도움을 청할 수도 있어. 스스로 욕구를 충족하면 내 안에 있는 힘을 의식하게 돼. 다른 사람과 도움을 주고받으면 서로 돕고 사는 존재임을 깨닫게 되고. 그렇게 나는 너에게, 너는 나에게 필요한 존재이고, 서로 연결되어 있음을 깨닫게 되겠지. 이제부터 어떤 욕구가 필요한지 알고, 그 욕구 에너지에서 우러나는 흔쾌한 선택, 창조적이고 바람직한 방법으로 함께 행복해지자고!

잠깐, 쉬어갈까?

지금 느낌?

궁금한 것, 질문이나 다른 의견?

필요한 것, 부탁?

탐구 4
'느낌과 생각', 에너지 상태를 알려주는 신호?

지금 느낌/생각이 어때

이 여행을 하는 틈틈이 〈잠깐, 쉬어갈까?〉라며 계속해서 "지금 느낌, 생각"을 물었어. 왜? 친구들의 상태를 제대로 알아야 계속 진행해 나갈지, 잠시 쉬어야 할지, 무엇을 도울지 알 수 있어서! 친구들도 역시 자신의 느낌과 욕구를 제대로 알아차려야 계속 참여할지(읽어나갈지), 쉴지, 진행자에게 질문을 할지 나의 다른 의견을 말할지 선택할 테니까.

혹시 무슨 얘긴지 아리송하고 답답해? 으음, '명료함'이 필요하구나? 혹시 막막하던 문제에 대한 답을 찾은 거 같아 반가워? 아하, '배움이나 성취'를 충족했구나? 아님 아예 느낌이 어떤지 모르겠어서 뭐라고 답해야 할지 당황스럽고 막막해? 에고, '깨달음'이 필요해? 내 추측이 정확한지 모르겠지만 경험에 따르면 우리 친구들의 반응이 대체로 이 세 가지더라구. 이렇게 느낌과 욕구를 추측해보는 것이 상대를 공감하는 과정이야. 자, 그럼 이제부터 하려는 얘기 눈치 챘어?

느낌(감각)과 생각(이성)을 구분하기

내게 필요한 생존 욕구가 채워져 충분한 상태인지 아니면 부족하여 필요한 상태인지 어떻게 알 수 있을까? 그건 바로 느낌과 생각!! 느낌(감각, 마음, 감정 등)과 생각(이성적 사고, 판단)은 우리 몸이 어떤 상태에 있는지 알려주는 신호이자 잣대인거지. 느낌과 생각에 따라 어떤 욕구가 얼마만큼 필요하거나 충분한 상태인지 알 수 있어.

여기서 느낌은 몸의 물리적 반응이나 감각을, 생각은 사람의 사고, 사유 등의 이성적 활동을 뜻해. 생각이란 감각을 이성적으로 판단하는 것이니 생각의 근원은 감각, 느낌인 거겠지? 둘 모두 우리 몸의 상태를 알려주는 신호라고 할 수 있는데 공감대화에서는 이 둘을 구분해서 인식하고 표현하길 제안하고 있어. 감각을 표현하는 언어인 '느낌 단어'를 훨씬 많이 사용함으로써 각자의 가치관과 세계관에 의해 달라지는 판단 (주로 비난)으로 인해 빚어질 수 있는 오해의 소지를 줄일 수 있거든.

생각도 관찰 대상, 외부 상황과 내면의 판단을 구분하기

생각 또한 실제 벌어지는 상황과 그 상황에 대해 나의 내면에서 일어나는 판단에 대해 구분하여 관찰하는 게 필요해. 그 둘을 뭉뚱그려 얘기하다보면 오해나 착각 등으로 인해 괜한 감정 소모나 다툼이 일어날 확률이 매우 높거든. 안타깝게도 단지 상황과 판단을 구분하지 않고 표현한 것일 뿐인데 그로인해 많은 비극이 일어나곤 해. 반대로 말 한 마디로 천 냥 빚을 갚는다는 속담처럼 어떻게 표현하느냐에 따라 관계가 달라지고, 소통이 더 원활해지곤 하지.

예를 들면, "너는 어쩜 그렇게 어리석냐?"라는 표현을 하기 전에 "'나는' ㅇㅇ이가 '수학문제를 세 개 연달아 틀리는 걸 보고' '어리석다'는 생각이 든다."라고 스스로 관찰한 후 어떻게 전달할지 다시 숙고해볼 필요가 있다는 거지. 이때 실제 감각적인 느낌은 '불안하다', '걱정되다'이거나 필요한 욕구는 친구와의 공동성장, 성취 같은 게 아닐까? 물론 상황에 따라 각자의 느낌과 욕구는 천차만별이겠지? '나 전달법'으로 나의 느낌, 내게 필요한 것에 초점을 두고 표현하고, 상대의 느낌과 욕구도 함께 들어주는 공감대화를 한다면 어떨 거 같아?

다음 두 시를 통해서 생각을 관찰해야 할 필요성, 실제 상황과 내면의 판단을 구분해야 할 필요성에 대해 생각해볼까?

나는 게으른 사람을 본 적이 없습니다   루스 베버마이어

내가 본 사람은 내가 보는 동안에 한 번도 달린 적이 없는 사람입니다.

그는 점심과 저녁 사이에 가끔 잠도 자고, 또 비 오는 날에는 집에 있습니다.

하지만 그 사람은 게으름뱅이가 아니랍니다.

나를 어리석다고 하기 전에 한 번 생각해보세요.

그는 정말 게으른 사람일까요, 아니면 단지

우리가 "게으르다"고 하는 행위를 했을 뿐인가요?

나는 바보 같은 아이를 본 적이 없습니다.

내가 본 아이는 가끔 내가 이해 못하는 일

아니면 예상하지 않았던 일을 하는 아이입니다.

내가 가본 곳들에 가보지 못한 아이를 본 적이 있습니다.

하지만 바보 같은 아이는 아니었죠.

바보라고 하기 전에 생각해보세요.

그 아이가 바보일까요, 아니면 단지

당신이 아는 것과 다른 것들을 알고 있을 뿐일까요?

아무리 열심히 둘러보아도 나는 요리사를 본 적이 없습니다.

나는 우리가 먹는 음식의 재료를 혼합하고,

불을 켜고 고기가 구워지는 것을 살피는 사람을 보았습니다.

하지만 요리사를 본 적은 없답니다.

내게 말해주세요.

당신이 보는 사람이 요리사일까요, 아니면

우리가 요리라고 부르는 일을 하는 사람일까요?

어떤 사람이 게으르다고 말하는 것을,

다른 사람은 지친 거라고, 혹은 태평스러운 거라고 말합니다.

어떤 사람은 바보 같다고 말하지만,

다른 사람은 단지 다른 것을 알고 있을 뿐이라고 말합니다.

그래서 나는 결론에 도달했어요.

만약 우리가 보는 것과 우리의 의견을 섞지 않는다면

많은 혼란을 면할 수 있을 거라고.

당신도 그렇게 생각하겠지만, 내가 말하고 싶은 것은,

이것도 단지 내 의견일 뿐이라고.

내 행동과 당신의 반응을 구분해주세요   마셜B. 로젠버그

내가 무엇을 했다든지, 하지 않았다든지 말하는 건 받아들일 수 있어요.

또 내 행동을 당신이 어떻게 해석하든 괜찮아요.

하지만 두 가지를 혼동하지는 마세요.

문제를 혼동하고 싶다면, 어떻게 하면 되는지 알려줄게요.

내 행동과 당신의 반응을 뒤섞어보세요.

내가 일을 끝내지 않아서 실망했다고 말해도 좋아요.

하지만 내게 '무책임하다'고 말하는 것은

내가 일을 끝내고 싶은 마음을 먹도록 해주지 못합니다.

당신이 다가올 때 내가 '아니오'라고 말해서 마음이 아팠다고 하세요.

나를 불감증이라고 하는 것은 앞으로 올 기회에 도움이 되지 않을 것이에요.

그래요, 내가 무엇을 했다든지 하지 않았다든지 말하는 건 받아들일 수 있어요.

그리고 당신이 내 행동을 어떻게 해석하든 괜찮아요.

하지만 두 가지를 혼동하지는 마세요.

느낌에 대한 발상의 전환(1) 내 느낌은 나의 것

여기서는 생각의 근원인 감각, 느낌에 대해 계속 탐구해보기로 하자. 아마 지금까지 느낌은 외부 자극에 의한 거라고만 생각해 왔을 거야. 가족이나 친구들의 말이나 행동 등에 의해, 환경에 의해 느낌이 생기는 거라고. 우리는 다른 사람이나 사건이 나를 힘들거나 우울하게 만든다고 여기면서 그 사람과 환경을 탓하는 말을 주로 하곤 해. "너 때문에 열 받아." "너 때문에 우울해." "그 일 때문에 괴로워." "그 일 때문에 불편해." 등등. 물론 그 영향도 있어. 하지만 얼마만큼 자극이 되고 영향을 끼치는가는 전적으로 내 욕구 에너지의 상태에 달려 있어.

예를 들면, 친구와 영화를 같이 보기로 하고 집을 나서던 중인데 친구로부터 갑자기 못 오게 되었다는 전화를 받는다면? ① 우정과 친밀함, 재미 등이 필요하던 상태라면 매우 화가 날 거야. ② 반대로 마침 휴식이 필요하던 상태라면 오히려 그 문자가 반갑겠지? ③ 대체로 모든 욕구 에너지가 충분한 상태라면 무엇보다 먼저 친구가 어떤 일로 못 나오게 되었는지 염려하게 되겠고?

그래서 어떤 상황을 맞아 무슨 생각이 들던 그것을 재빨리 느낌과 욕구로 연결시키는 것이 필요해. 그래야 더 바람직한 선택을 할 수 있을 테니까. ① 잠시 화가 나는 나를 지켜봐준 다음 좀 차분해지면 "같이 재밌는 시간을 보내고 싶었는데 내가 많이 아쉽다. 다음에 언제 만날 수 있을까?" ② "아, 마침 내가 피곤해서 쉬고 싶었는데 잘 됐다. 너는 괜찮니?" ③ "무슨 일인지 걱정되네. 내가 도울 일이 있을까?"

느낌에 대한 발상의 전환(2) 필요하거나 충분하거나

부정적 느낌? ☞ 에너지가 '필요'해!
긍정적 느낌? ☞ 에너지가 '충분'해!

느낌에 대한 기존 인식을 바꿔보자. '상대의 행동은 부분적인 자극요소가 될 뿐 내 느낌을 좌지우지하지 못한다', '내 느낌은 내 욕구 에너지의 종류와 상태를 알려주는 신호이다.' 꼭 기억해줘. 그리고 두 번째 오해는 뭘까? 먼저 이 글 맨 뒤쪽에 첨부한 〈'느낌' 목록〉을 한번 살펴볼까?

느낌의 종류가 두 가지로 분명하게 나뉘어. 친구들에게 이 두 종류의 느낌에 각각 이름표를 달아달라고 하면 흔히 "긍정적, 부정적" 또는 "좋은, 나쁜/싫은"이라고 하지. 느낌을 선악으로 구분할 순 없어. 우리 몸 상태를 알려주는 소중한 신호니까. 그런데도 우리는 흔히 몸의 통증과 맘의 고통에 대해 '부정적', '나쁜' 등의 꼬리표를 달아 부정하거나 회피하곤 해. 몸과 맘이 보내는 그 신호들을 제때 제대로 받지 못하면 어떤 일이 생길까? 살기 위해서 더 필수적으로 전해 받아야 할 신호가 통증과 고통이란 거 알겠지?

그래서 내가 제안하는 답은 "느낌은 에너지가 '충분'하거나 '필요'하다고 알리는 신호"이니, "특히 필요하다고 알려오는 신호는 더 유의해서 받아"들여 달라는 거야. "모든 신호들을 온전히 잘 전달받아서 나/너한테 필요하거나 충분한 욕구 종류와 양에 대해 잘 파악"해서 "충분한 건 축하하고 감사하며 맘껏 누리고, 필요한 건 채우고" 하면서 "서로 흔쾌히 주고받고" 하자는 거야.

행복온도계 : 필요한 만큼 부탁하고, 충분한 만큼 감사하라

아래 〈그림 2〉는 공감의 원리를 '행복온도계'로 도식화한 거야. 행복온도란 몸과 맘의 상태를 알려주는 느낌과 욕구 지수를 뜻해. 느낌의 종류는 욕구의 종류와 연결되지. 감각과 느낌을 자각하는 훈련, 느낌과 연결된 욕구의 종류를 알아차리는 훈련을 지속하다보면 내게 무엇이 얼마만큼 필요한지 바로 알게 되겠지? 정말 배고파서 먹는지, 사랑과 친밀감이 필요한지, 존중과 배려가 필요한지 구분할 수 있다면 삶의 질을 더 높일 수 있을 거야. 몸도 마음도 더 건강하고 행복하게.

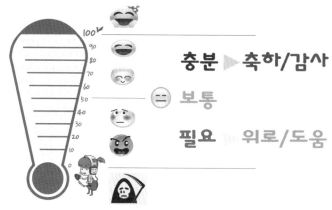

〈그림 2〉 행복온도계–느낌, 욕구 지수[7]

우리는 느낌 신호에 따라 위로하거나 도움을 구할지, 축하하고 감사하며 흔쾌히 나눌지 판단할 수 있어. 그리고 그 느낌 온도는 일정하지 않아. 매순간 비워지고 채워지는 순환과 변화의 과정이 이어지니까. 순간의 온도를 이어 그래프를 그려본다면 물결을 일으키며 시시각각 파도치며 나아가는 모양이겠지. 마셜이 공감을 '파도타기'에 비유한 이유가 이해되지? 그는 사람들의 모든 행동은 결국 두 가지를 뜻하는 거라고 했어. '부탁'이거나 아니면 '감사'하고 있는 거라고. 우리도 그렇게 느낌과 욕구라는 공감언어에 익숙해지면 슬픔과 분노를 절실한 '부탁'으로, 기쁨과 환희를 감격스런 '감사'로 온전히 알아들을 수 있을 거야.

---

7. 공감연습으로 오늘 하루나 일정한 시간, 기간을 정하여 시시각각 달라지는 느낌을 온도계에 표시해보자.

〈보조를 맞춰볼까?〉

영상 1. MBC [신비한TV 서프라이즈 469회] '무감각자' (방송일: 2011.06.12.)
영상 2. EBS [지식채널e] '욕의 반격' (방송일: 2013.12.11.)
영상 3. MBC [한글날 특집 실험 다큐] '말의 힘' (방송일: 2009.10.9.)

위 영상을 보고 드는 생각, 느낌은?

고통과 통증은 'SOS', 공감대화는 치유와 회복의 과정

영상 세 가지('무감각자', '욕의 반격', '말의 힘')를 본 소감이 어때? 이 영상들을 통해 '역설적'으로 강조하고 싶은 것은 욕하고 싶을 만큼, 거친 말이 나올 만큼 힘들고 불편한 상황에서 공감이 필요하다는 거야. 정서적 고통이나 신체적 통증을 느끼는 순간에 치유와 회복, 정겨운 소통이 이루어지는 공감대화를 하자는 거야.

〈그림 3〉 (무감각자)에서는 배가 고프지 않아 굶어죽을 위험에서부터 사소한 상처도 그냥 지나쳐서 항상 죽음의 위험 속에 사는 무감각자들을 만나지. 통증을 느낄 수 있다는 게 얼마나 소중한지 알게 해준 다소 충격적인 내용이야. 감각을 더 예민하게 느낄 수 있다면 미리 미리 대처하여 큰 질병 없이 건강하게 살 수 있을 것 같아.

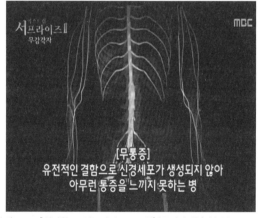

〈그림 3〉 MBC [신비한TV 서프라이즈 469회] '무감각자' (방송일: 2011.06.12.)

특히 생각해볼 거리를 제공하는 건 〈그림 4〉와 〈그림 5〉야. 흔히 이 영상을 보고 난 소감을 물으면 "내 뇌와 상대의 뇌에 치명적인 상처를 입힌다니 놀랐다. 욕을 하지 말아야겠다." "밥알에 곰팡이가 피다니! 말의 힘이 정말 크다는 걸 알았다. 나쁜 말을 쓰면 안 되겠다."라고들 해. 그것도 좋지. 그런데 한 걸음 더 나아가 보자. 욕이나 거친 말을 안 쓰는 것만이 상책일까? 쥐를 죽게 만들고, 밥알에 곰팡이가 필 정도로 유독성분이 담긴 분노의 침전물! 그 분노의 침전물을 속으로 쌓아두기만 한다면? 우리 몸은 힘들고 병들어 죽어가겠지. 나쁜만 아니라 주변 사람들까지 함께 고통과 불행의 나락으로 끌고 들어갈 테고.

〈그림 4〉 EBS [지식채널e] '욕의 반격'　　〈그림 5〉 MBC [한글날 특집 실험 다큐]
(방송일: 2013.12.11.)　　　　　　'말의 힘' (방송일: 2009.10.9.)

고통과 통증, 제대로 느끼고 제때 호소하라

그래서! 스스로 감지하고 스스로 치유하고 회복하는 과정도 필요하고, 또한 주변에 제대로 표현하여 알리고 적절한 도움을 받을 필요가 있어. 서로의 뇌도 상처 받지 않고 병들어 가지도 않도록. 느낌과 욕구를 제대로 알아주며 대화하자는 거지. 그런데 우리는 흔히 고통이나 통증에 대해 '부정적/ 나쁜/ 싫은'이라는 꼬리표를 붙인 채 그 느낌과 감정들을 회피하려고 해. "왜 화를 내냐? 화내지 마라.", "왜 울고 그래? 울지 마라."라는 이야기를 듣기도 하고, 말하기도 하지. 심지어 감정을 드러내면 '미숙하다' 든지 '유치하다'든지 '어린애 같다'라는 평가를 하기도 해. 그래서 "넌 감정적이야."라는 말은 현명하지 못하다는 뜻으로 쓰이곤 하지.

그러면서 느낌을 누르거나 말하지 않게 된 사람들이 많아. 친구들도 느낌이 어떠냐는 질문에 "좋아.", "나빠.", "모르겠어.", "그저 그래."라고 대답하지. 표현하지 못한 느낌은 몸 안에 그대로 쌓여 있다가 엉뚱하게 튀어나오기 일쑤야. '종로에서 **뺨** 맞고 한강에 돌 던진다'라는 속담처럼. 더 큰 문제는 참았던 것들이 나 자신에게나 상대를 향한 폭력으로 터질 듯 쏟아져 나오는 경우겠지.

기쁨은 늘어나고, 슬픔은 줄어든다

또 소개하고 싶은 것은 느낌이 곧 치유 과정이라는 거야. 고통과 통증이 우리 몸의 이상을 알리는 신호를 보냄과 동시에 우리 몸에서는 자가 치유 시스템이 가동된다는 거지. 그래서 그 느낌의 강도만큼 몸에서도 열을 발산하거나 더 많은 면역세포를 보내고, 새 세포를 생산하기 위해 신선한 산소와 혈액을 공급하며 격렬한 반응을 일으키고 있겠지? 우리가 할 일은 그 신호와 잘 연결해 몸과 마음을 최대한 안정시켜야 해. 자가 치유 작용이 더 잘 이루어지도록 하고, 외부적인 요인들을 잘 통제하면서 보살펴주는 거지.

몸 어디에 어떤 느낌이 있는가를 찾아보고 그 느낌을 말로 표현해보자. 느낌을 말하면 말하는 나도, 듣는 상대도 내 상태를 이해하기 쉬워져. "몸이 무거워.", "머리가 띵해.", "목이 답답해.", "가슴이 찌릿찌릿해.", "어깨가 무거워.", "가슴이 답답해.", "배가 아파.", "화났어.", "슬퍼.", "미안해.", "온몸이 날아갈 듯해.", "가슴이 **뻥** 뚫렸어.", "속이 시원해.", "고마워." 같이 느낌 말을 많이 쓸수록 몸과 마음이 말랑말랑해지는 것을 느낄 수 있어.

이처럼 느낌을 나타내는 말은 다양하고, 느낌을 담당하는 뇌는 느낌 말에 반응해. 그리고 그 뇌는 우리 몸을 움직이는 엔진인 심장과 24시간 서로 통하고 있지. 사랑이 담긴 말을 하거나 들으면 마음이 따뜻해지고 몸에 긴장이 풀려. 반대로 비난하는 말을 하거나 들으면 몸이 긴장되고 심장이 뛰거나 얼굴이 붉어져. 몸과 마음이 하나라는 것을 말해주는 현상이지.

뇌와 감각(느낌)을 연결하는 스위치, 호흡

우리가 느끼고 생각하고 말하고 행동하는 것은 뇌와 연관이 있지. 어떤 자극이 오면 감정을 느끼는 뇌가 작용하여 화를 내기도 하고 울기도 해. 이때 자신이 어떤 상태인지를 알아차리지 못하면 그 느낌은 강도가 점점 높아져버려. 그러나 화가 치솟고 절망적인 순간에도 '지금 내 마음이 이렇구나!'하고 알아차리면 달라져. 편도체에서 일어나고 있는 혼란을 전두엽 앞부분에 있는 뉴런들이 조용히 가라앉히는 거지. 그래서 위로 폭발할 것 같은 화도 밑으로 가라앉고, 바닥으로 곤두박질치는 것 같은 절망감도 강물처럼 부드럽게 흘러가.

이런 일을 하는 전두엽 뉴런의 활성화는 우리가 얼마나 자주 내 느낌을 알아차리고 보살피느냐에 달려 있어. 몸에 근육을 만들려면 꾸준히 운동을 해야 하듯이 마음에 근육을 만들려면 내 마음에서 일어나는 느낌을 자주 들여다봐야 해. 지금 어떤 느낌인지 잘 모를 때에는 머릿속에 어떤 생각이 떠오르는지 보고, 몸에서 어떤 움직임이 일어나는지 찾아보자. 이 모든 과정을 시작하는 첫 단추는 우리 몸에 생명을 불어넣는 호흡! 의식하고 내쉬는 호흡을 명심하기 바라.

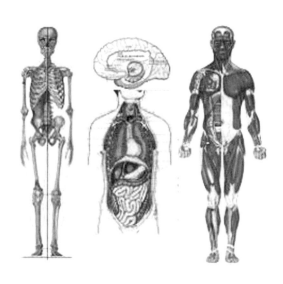

몸과 마음을 스캔하는 느낌명상

생각도 바라보지만 호흡에 더 집중하면서 몸의 감각, 그 변화를 따라가 보는 거야. 몸에 주의를 기울이면 느낌이 일어나고 사라지는 것을 볼 수 있어. 몸과 마음은 연결되어 있다고 하는데, 몸의 감각에 느낌 말을 붙인 걸 마음으로 인식하는 것이기도 해. 그래서 몸이 안 좋으면 마음이 아픈 게 당연한 거지. 마음이 아프면 몸이 상하고. 우리의 안녕을 위해 앉아 있을 때도, 걸을 때도, 잠자리에 들 때도, 아침에 일어났을 때도, 틈날 적마다 몸 어디에서 어떤 느낌이 일어나고 있는지를 살펴보는 '느낌명상'을 하는 걸 제안해.

예를 들어 컴퓨터 게임을 하고 있는데 엄마가 "이제 그만하고 공부해라"고 말씀하셔. 그 말을 들은 순간 몸에서 어떤 느낌이 솟구치지. 그때 바로 '아, 지금 내가 화가 났구나.'하고 마음을 알아차려. 화가 일어나는 순간, 화가 나는 내 마음을 보는 거지. 처음에는 화를 내고 짜증을 부린 후에야 마음을 알아차리겠지만, 자신을 떨어져서 보는 훈련을 계속하다 보면 어느 순간에는 그런 느낌이 일어나자마자 바로 알아차릴 수 있게 될 거야.

실습 : 여러분은 언제 행복한가? 그리고 그때는 어떤 느낌이 찾아오나? 무슨 욕구가 충족되었는가?

[예시]

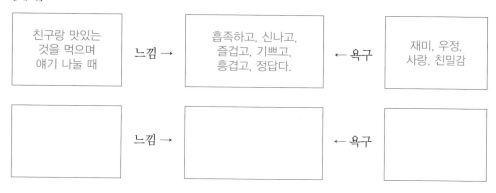

실습 : 여러분은 언제 행복한가? 그리고 그때는 어떤 느낌이 찾아오나? 무슨 욕구가 충족되었는가?

잠깐, 쉬어갈까?

지금 느낌?

궁금한 것, 질문이나 다른 의견?

필요한 것, 부탁?

탐구 5
'선택'하자, 약방에 감초처럼 갈등엔 공감을

무엇보다 우선 공감부터

지금까지 해온 여정을 돌이켜보자. 혹시 탐구질문에 대한 답이 다음과 같았는지?

• 우리 모두의 더 행복하고 풍요로운 삶을 위해서는 타고난 공감 본성을 깨우고, 지속적으로 훈련해 나가야 한다.

• '공감', 나/너/우리가 존재(몸/맘) 그 자체로 만나 함께하는 것이다. 공감은 나와 너를 동등하게 존중하며, 각자의 몸/맘의 상태를 파악하여 더 나은 상태로 함께 만들어가는 과정이다.

• '욕구', 우리의 생존에너지의 다른 말이다. 인권과도 동일하다. 분류된 개별 욕구 목록은 욕구를 충족하기 위한 행위의 구체적인 방향을 제시해준다. 해당 상황에서 필요한 욕구를 명확히 인식함으로써 최선의 수단과 방법을 찾을 수 있게 된다.

• '느낌과 생각', 각자 자신의 생존에너지가 필요한지 충분한지 그 상태를 알려주는 신호이다. 누군가의 행동은 자극일 뿐 내 느낌의 원인이 아니다. 그 자극에 대응하는 내 몸/맘의 반응을 정확히 자각하는 것이 필요하다.

서로의 안녕에 초점을 맞추어 나누는 공감대화

이제 '공감대화란 모두가 만족스런 수단과 방법을 찾을 수 있도록 몸/맘의 느낌과 욕구에 연결하는 소통 과정'이라는 데 동의하니? 그렇다면 공감은 갈등을 힘들고 고통스런 것이 아니라 매우 창조적이고 도전적인 과정으로 만들어줄 수 있을 거야.

갈등이 드러나는 순간은 창조와 도전의 기회

갈등은 욕구를 충족하기 위한 수단과 방법이 다를 때 항상 일어나는 매우 자연스러운 현상이잖아. 시대와 문화에 따라 각기 다른 수단과 방법들, 개개인의 취향과 경험에 따라서도 그 선택의 기준이 다르기에 갈등은 항상 존재해. 느낌을 잘 느끼고 표현해야 하듯 갈등도 드러내야 치유와 회복, 성장과 발전이 가능한 거고. 이제 공감대화로 느낌도 더 풍부하게, 갈등도 더 생산적으로 풀어내 보자.

자기 공감 스위치를 켜자! 호흡

공감대화의 구체적인 기법으로 호흡을 통해 우선 나와 연결하여 내 느낌과 욕구를 알아주는 '자기 공감'을 우선하자고 했어. 그리고 나와 너를 동등하게, 파도를 타듯 서로의 감각과 느낌의 흐름에 집중하여 필요/충분한 욕구를 온몸으로 들어주자고 했어. 생각과 판단(에서 나오는 말)도 무시하거나 비난하기보다 느낌과 욕구의 표현, 즉 '감사'와 '부탁' 중 하나를 표현한 거라고 수용하고 그냥 그대로 존중해 주면 돼. "아~ 나/너는 그렇게 생각하는 구나."하고. (그 의견에 대한 '동의'가 아니라는 것 주의하고!)

함께 만족스런 순간들을 만들어가는 상호 공감

그렇게 들어주면 말을 하는 이는 마음 깊은 곳에 있는 말, 자신이 진정으로 하고 싶은 말을 편하게 할 수 있을 거야. 그러다 보면 어느새 말을 하는 이도 말을 듣는 이도 하나가 되는 거지. 그 기운이 서로에게 흘러서 말하는 이의 얼굴과 몸에 긴장이 풀리며 편안해지거나 깊은 숨을 내쉬는 걸 경험할 수 있어.

친구와 공감으로 듣고 말하는 다음 대화를 살펴보자. (이때 '친구'를 '나'로 대체하면 나 자신과의 공감대화가 된다.)

친구 : 오늘 시험 망쳤어.

　나 : 속상하겠다.(느낌을 추측해서 말해준다.)

친구 : 정말 속상해. 어젯밤에 늦게까지 열심히 했는데.

　나 : 열심히 한 만큼 결과를 얻고 싶었을 텐데….(원하는 것을 추측해서 말해준다.)

친구 : 잠을 제대로 못 잔 탓인 것 같아.

　나 : 그랬구나.

친구 : 아무리 할 게 많아도 잠은 자고 해야겠어.(친구가 자기 공감을 하면서 스스로 답을 찾는 걸 볼 수 있다.)

이렇게 공감으로 들어주는 대화는 말하는 이가 자기 마음을 있는 그대로 이야기할 수 있게 해줘. 아래 〈표 2〉는 우리가 평소 주로 나누는 대화 유형들을 모아본 거야. 공감하는 연습을 하면서 아래 유형들과 그 체험을 비교해 보는 것도 도움이 될 거야.

〈표 2〉 습관적으로 하는 대화 유형: 공감과 구분해 보자

(예) 친구가 "오늘 시험 망쳤어."라고 말을 할 때

대화 유형	사례
위로하기	"어머, 그래? 얼마나 힘드니? 어떡하니?"
충고, 조언, 교육하기	"안된 일에 너무 신경쓰지 마. 그러다보면 될 일도 안 돼." "적중률이 높다는 문제집이 있어. 그거 한번 풀어 봐."
감정 흐름을 중지하고 전환시킴	"너무 속상해하지 마. 기운 내서 내일 시험 잘 보면 돼."
내 얘기 들려주기	"나도 망쳤어. 어쩜 좋아. 우리 둘 다 망쳤네."
바로잡기	"망치다니 무슨 소리야. 점수 나와 봐야 알아."
조사하기, 심문하기	"왜 망쳤다고 생각하는 거니?"
분석, 진단, 설명하기	"네 공부 방법에 문제가 있는 거 같더라." "네가 안 되는 쪽으로 생각하는 경향이 있어." "이번 시험이 너무 어려웠어."
다른 화제로 돌리기	"시험 얘기 관두자. 기분 나쁜데 다른 얘기하자."
평가, 빈정대기	"넌 너무 비관적이야."
부인하기	"그걸 가지고 망쳤다고 하면 어떡하나?"

실습 : 이 여행의 마지막으로 나와의 공감대화, '자기 공감' 도전!
① 각자 떠오르는 상황을 적은 후 어떤 느낌인지, 무엇을 필요로 하고 있는지, 필요를 충족하기 위한 부탁(수단과 방법)은 어떻게 할 수 있을지 찾아보자.
② 상대와의 공감대화에서는 상대가 자신을 공감할 수 있도록 거울처럼 비춰주는 것으로 아래의 과정을 함께 해나가면 된다. 공감과정을 통해 서로의 몸과 맘의 상태를 좀 더 안녕해지도록 서로 부탁하고 더 나은 최선의 방법을 선택하여 실행하는 과정을 반복하여 연습하도록 하자.

[예시]

☞ 관찰
상황– 선생님이 내게 "지금 뭐하는 짓이야!"라고 큰 소리로 말씀하셨다.
생각– '앗, 어떡하지. 하필이면 지금 보실 게 뭐람. 재수 없게 나만 걸렸어.'

☞ 느낌
몸의 감각– 머리가 멍하고, 눈이 커지고, 가슴이 두근거리고, 식은땀이 난다.
느낌 말– 놀람, 당황, 난처함

☞ 욕구
자기표현, 정서적 안정, 이해
욕구가 충족된 장면 상상해보기

☞ 부탁(수단, 방법)
연결 부탁 : "선생님, 수업에 방해돼서 언짢으셨어요?"라고 선생님 느낌을 여쭤본다.
　　　　　　"갑작스런 큰소리에 너무 놀라고 당황해서 겁도 나요."라고 내 느낌을 말씀드린다.

행동 부탁 : '다음부터는 수업시간에 친구에게 하고 싶은 말을 적어뒀다가 나중에 해야겠다.'
　　　　　　고 스스로에게 부탁한다.
　　　　　　"급하게 할 얘기가 생각나면 메모해 두고 수업에 다시 집중하도록 노력하겠습니
　　　　　　다. 혹시 앞으로 그런 일이 있을 때 선생님께서 차분하게 말씀해주시면 좋겠어
　　　　　　요."라고 부탁드려 본다.

유의할 점 : 상대방과 실제로 대화를 나눌 때 상대방의 행동에 자극받기보다 그
사람의 몸/맘 상태에 공감할 수 있다면 자기 공감이 잘 이루어지고 있다는 것으
로 보아도 된다. 이때 내가 어떤 태도와 어투로 말하고 있는지 관찰해보자. 에너
지가 충분한 상태라면 침착하게 자신의 느낌과 욕구를 표현하며 구체적으로 부
탁할 수 있을 것이다. 반면 그렇지 못한 경우 전하고자 하는 내용보다 불쾌하거
나 불편한 감정이 확대되어 전달될 수 있다. 상대방이 나의 부탁을 비난이나 강
요로 받아들인다면 의견을 말하기보다 상대의 느낌과 욕구를 찾는 '상대 공감'이
우선되어야 할 것이다.

[**상황 관찰**] 실제 일어나고 있는(겪고 있는) "상황"?

→ 누가, 언제, 어디서, 무엇을, 어떻게, 왜 했나?

(생각 관찰) 상황에 대한 내 생각은?

→

[**느낌**] 그 상황을 겪으면서 드는 '느낌'은?

→ (몸의 감각)

→ (느낌 말)

[**욕구**] 이때 필요한 생존에너지, 기운 찾기

→ (욕구 종류)

→ 이 욕구를 충족했던 구체적으로 떠오르는 장면 상상해보기

[**부탁**] 필요한 에너지를 채우기 위한 행위를 '흔쾌히' 선택

→ **연결 부탁**(서로의 느낌과 욕구를 명확히 확인하는 과정: 상대의 의도를 내가 잘 이해했
는지 또는 내 의도가 상대에게 잘 전달되었는지 질문)

→ 행동 부탁(구체적·긍정적·현실가능·의문형)

자, 이제 마무리를 할 시간이네. 고마워…! 지금까지 탐구여행에 지치지 않고 적극적으로 참여해줘서. 배움과 성장의 과정을 함께 해줘서.

다른 어떤 말보다 공감하는 말을 우선하는 연습, 오늘부터 시작해 보면 어떨까? 꾸준히 연습하다 보면 이전과 조금은 다른 삶이 펼쳐질 거라 기대해 본다. 예를 들면, 나를 포함해서 주변 사람들을 대하는 눈빛과 감정의 깊이가 달라지더라구. 언제나 그 자리에서 나의 관심과 돌봄을 기다리던 '나'에게는 새삼스런 감사함을, 주변의 가족, 친구들에게는 좀 더 따뜻하고 사랑스런 눈길을, 낯설고 어색한 이에게는 지구인 동료로서 같은 존재라는 새삼스런 깨달음과 왠지 모를 유대감 등등. 자신과 주변과의 공감대화로 늘 행복하길 바라며, 안녕!

여행을 마친 소감과 함께 해 준 서로에게 감사의 인사를 나눠보자

지금 느낌?

만족스런 느낌이라면, 이 여행을 통해 충분히 채운 에너지 종류는 무얼까?
함께 축하하고 감사하자.

아쉬운 느낌이라면, 이 여행을 통해 필요하다고 확인된 에너지 종류는 무얼까?
함께 애도하고 필요한 에너지를 충전해보자.

우리 모두가 갖고 있는 기본 '느낌'(에너지 상태 신호) 목록[8]

생존에너지가 필요하다는 신호

걱정되는, 까마득한, 암담한, 염려되는, 근심하는, 신경쓰이는, 뒤숭숭한, 두려운, 진땀나는, 주눅 든, 겁나는, 무서운, 섬뜩한, 오싹한, 간담이 서늘해지는, 불편한, 거북한, 조바심 나는, 불안한, 긴 장한, 떨리는, 안절부절 못하는, 조마조마한, 초조한, 겸연쩍은, 곤혹스러운, 멋쩍은, 쑥스러운, 언 짢은, 괴로운, 난처한, 답답한, 갑갑한, 서먹한, 어색한, 찝찝한, 울적한, 슬픈, 구슬픈, 그리운, 목 이 메는, 서글픈, 서러운, 쓰라린, 애끓는, 안타까운, 애석한, 섭섭한, 야속한, 서운한, 낙담한, 한 스러운, 참담한, 처참한, 비참한, 김빠진, 외로운, 고독한, 공허한, 허전한, 허탈한, 막막한, 쓸쓸한, 허한, 우울한, 처연한, 멍한, 냉담한, 무력한, 무기력한, 침울한, 꿀꿀한, 피곤한, 고단한, 노곤한, 따분한, 맥 빠진, 귀찮은, 지겨운, 힘든, 무료한, 성가신, 지친, 심심한, 절망스러운, 좌절한, 혼란 스러운, 당혹스런, 놀란, 민망한, 밥맛 떨어지는, 질린, 정떨어지는, 혐오스런, 부끄러운, 창피한, 속상한, 화나는, 분한, 억울한, 울화가 치미는, 열 받는, 끓어오르는

생존에너지가 충분하다는 신호

감동받은, 뭉클한, 감격스런, 벅찬, 환희에 찬, 황홀한, 충만한, 고마운, 감사한, 즐거운, 유쾌한, 통 쾌한, 흔쾌한, 기쁜, 반가운, 행복한, 따뜻한, 감미로운, 포근한, 사랑하는, 훈훈한, 정겨운, 정을 느 끼는, 친근한, 뿌듯한, 산뜻한, 만족스런, 흐뭇한, 흡족한, 상쾌한, 개운한, 후련한, 가벼운, 홀가분 한, 든든한, 편안한, 느긋한, 담담한, 친밀한, 친근한, 긴장이 풀리는, 차분한, 안심이 되는, 누그러 지는, 진정되는, 잠잠해진, 고요한, 여유로운, 평온한, 평화로운, 흥미로운, 매혹된, 재미있는, 끌 리는, 활기찬, 짜릿한, 신나는, 흥분된, 두근거리는, 생기가 도는, 원기가 왕성한, 용기 나는, 기력 이 넘치는, 기운이 나는, 당당한, 자신감 있는, 힘이 솟는, 기대에 부푼, 들뜬, 희망에 찬

---

8. 이 목록은 미완성입니다. 자신의 느낌 단어를 추가해 보세요.

우리 모두가 갖고 있는 기본 '욕구'(생존에너지) 목록[8]

신체적 생존	공기, 물, 음식, 주거, 휴식, 잠, 신체적 접촉, 성적 표현, 자기 보호, 돌봄, 자유로운 움직임, 운동, 신체적 안전, 편안함, 건강, 치유, 회복
자율성	자기 결정, 선택, 자유, 자립, 사생활 존중
사회적 / 정서적 상호의존	나눔, 협력, 도움, 지원, 유대, 소통, 사랑, 관심, 우애, 친밀함, 정서적 안전, 공감, 연민, 이해, 수용, 지지, 위로, 배려, 존중, 감사, 인정, 신뢰, 예측가능성, 소속감, 공동체, 참여, 받아들여짐, 공유
놀이	재미, 즐거움, 웃음
삶의 의미	능력, 기여, 도전, 자극, 발견, 명료함, 가치, 보람, 주관, 자기표현, 축하, 애도, 목표, 꿈, 비전, 열정, 성취, 성장, 배움, 생산, 숙달, 효율, 깨달음, 영감, 창의성
온전함	성실, 온전함, 정직, 진실, 자존감, 비전, 일치, 꿈
아름다움 / 평화	아름다움, 조화, 홀가분함, 여유, 질서, 평화, 평등 영적 교감, 영성, 평온함

8. 이 목록은 미완성입니다. 자신의 욕구 단어를 추가해 보세요.

청소년을 위한 시민인성교육 1 : 공존
2017년 2월 16일 펴냄

편저 | 민주시민교육원 나락한알
펴낸이 | 박윤희
펴낸곳 | 도서출판 소요-You
디자인 | 윤경디자인 070-7716-9249
등록 | 2013년 11월 12일(제2013-000009호)
주소 | 부산시 중구 복병산길 7번길 6-22
전화 | 070-7716-9249
팩스 | 0505-115-3044
전자우편 | pyh5619@naver.com

ⓒ 2017, 소요-You
ISBN 979-11-951705-8-6
가격 12,000원

국립중앙도서관 출판예정도서목록(CIP)

공존 / 편저 : 민주시민교육원 나락한알. -- 부산 : 소요-You
, 2017
      p. ;   cm. -- (청소년을 위한 시민인성교육 ; 1)

ISBN 979-11-951705-8-6 43300 : ₩12000

인성 교육[人性敎育]

190-KDC6   CIP2017003405